Kurt Scherer

Senior

Impulse nicht nur
für das dritte Lebensalter

media**Kern**

Bibliografische Information der Deutschen Nationalbibliothek
Die Deutsche Nationalbibliothek verzeichnet diese Publikation in der
Deutschen Nationalbibliografie; detaillierte bibliografische Daten sind im
Internet über http://www.dnb.de abrufbar.

ISBN 978-3-8429-1627-2

Bestell-Nr. 5.121.627
© 2019 mediaKern GmbH, 46485 Wesel

Bibelzitate (wo nicht anders vermerkt): Die Bibel nach Martin Luthers
Übersetzung, revidiert 2017, © 2016 Deutsche Bibelgesellschaft,
Stuttgart.
Umschlagbild: Getty Images / Tycson1
Umschlaggestaltung: Ch. Karádi
Gesamtherstellung: Drukarnia Dimograf, Bielsko-Biała, Polen
Printed in the EU 2019
www.media-kern.de

Inhalt

Vorwort

Januar	Unterwegs mit Jesus	5
Februar	Fasten – ein Einüben in die Freiheit des Verzichten-Könnens …	23
März	»Auferstehen werd auch ich …«	43
April	Beten – von Herzen mit Gott reden	61
Mai	Ein neues Herz – ein neuer Geist – eine neue Gesinnung – ein neues Leben	80
Juni	Zerbrochene Werkzeuge – Von Gott für Gott gebrauchsfähig gemacht	97
Juli	Ich mag mein Alter	113
August	»Geh aus, mein Herz und suche Freud …« – eine Motivation zur Freude	126
September	»Merk-würdige« Heilige	142
Oktober	»Ich will dir danken …«	160
November	Wenn es ums ewige Leben geht	175
Dezember	»Mache dich auf …«	192

Liebe Leserin, lieber Leser,

zahlreiche dankbare und ermutigende Reaktionen auf die Ausstrahlungen der beliebten Sendereihe »*SENIOR – Impulse nicht nur für das dritte Lebensalter*« bei ERF-Medien haben mich veranlasst, eine kleine Auswahl aus der Vielfalt der Themen – nach dem Kalenderjahr geordnet – in diesem Buch zu veröffentlichen.

Die Beiträge können hilfreich sein zur Inspiration und Motivation für das eigene Glaubensleben. Aber sie eignen sich auch als Arbeitsmaterial für Seniorenkreise und Seniorenfreizeiten, sowie als Geschenk für Seniorenbesuche.

Sie werden beim Lesen merken, dass neben den biblischen Aussagen viele ganz persönliche Erfahrungen mit eingeflossen sind, sodass Sie sich darin auch wiederfinden können. Die zitierten Lieder haben ihre besondere Bedeutung, denn sie drücken oft aus, was man selbst empfindet und gar nicht besser sagen könnte. So werden sie zur Seelsorge an der eigenen Seele, was dem Glaubensleben wohltut und damit auch für den ganzen Menschen hilfreich und heilsam ist.

Ich wünsche Ihnen von Herzen gute Erfahrungen mit meinen Ausführungen.

Kurt Scherer

Januar

Unterwegs mit Jesus

Nur mit Jesu will ich Pilger wandern, nur mit ihm geh froh ich ein und aus; Weg und Ziel find ich bei keinem andern, er allein bringt Heil in Herz und Haus.

Berg und Tal und Feld und Wald und Meere, froh durchwall ich sie an seiner Hand. Wenn der Herr nicht mein Begleiter wäre, fänd ich nie das wahre Vaterland.

Er ist Schutz, wenn ich mich niederlege, er mein Hort, wenn früh ich stehe auf, mein Berater an dem Scheidewege und mein Trost bei rauem Pilgerlauf.

Bei dem Herrn will ich stets Einkehr halten, er sei Speis und Trank und Freude mir; seine Gnade will ich lassen walten, ihm befehl ich Leib und Seele hier.

Bis es Abend wird für mich hienieden und er ruft zur ewgen Heimat hin, bis mit ihm ich gehe ein zum Frieden, wo sein selger Himmelsgast ich bin.
Johann Peter Schück (1811–1892)

Immer wieder hört und liest man den Satz: »Der Weg ist das Ziel« (Konfuzius). Es stimmt zwar, dass ein Weg beginnt, indem man geht, aber ohne Zielangabe führt er schnell in die Irre oder in eine Sackgasse. Ganz anders ist es, wenn man den Weggefährten hat, der den Weg nicht nur kennt, sondern auch das Ziel: Jesus Christus. Er sagt: »*Ich bin der Weg und die Wahrheit und das Leben;*

niemand kommt zum Vater denn durch mich« (Johannes 14,6). Jesus verbürgt sich mit seinem Namen für den Weg und das Ziel. Und er lädt in seine Nachfolge ein, damit man am Ziel ankommt. Wer Jesus Christus traut, seinen Worten vertraut und sich deshalb ihm anvertraut, der kann zuversichtlich mit einstimmen in das Lied von Peter Schück: »*Nur mit Jesu will ich Pilger wandern ...*«

Da ist eine grundlegende Entscheidung gefallen: Mit keinem anderen will ich gehen! »*Nur mit Jesus!*« Eine solche Entscheidung fällt, wenn man Jesus kennen- und lieben lernt durch das Lesen der Bibel, durchs Gebet, durch die Gemeinschaft mit Menschen, die Jesus auch lieb haben, und durch Erfahrungen, die man mit Jesus macht. In Gemeinschaft mit ihm erleben wir, dass er Wort hält. Nicht immer entspricht das unserem Denken und Wünschen, aber immer ist es gut für uns, denn Jesus hat einen guten Willen über unserem Leben. Da stimmt es schon, was Peter Schück bekennt: »*... nur mit ihm geh froh ich ein und aus; Weg und Ziel find ich bei keinem andern; er allein bringt Heil in Herz und Haus. Berg und Tal und Feld und Wald und Meere, froh durchwall ich sie an seiner Hand, wenn der Herr nicht mein Begleiter wäre, fänd ich nie das wahre Vaterland.*«

Das sind Bilder für unseren Lebensweg: »Berge« – Höhen unseres Lebens, Freude, Zufriedenheit, Zuversicht, Gelingen ...; »Täler« – die Tiefen unseres Lebens, Leid und Leiden, Enttäuschungen ... ; »Felder« – unsere Investitionen, was wir angepackt, gesät, bewerkstelligt haben ...; »Wälder« – unsere Niederlagen, was uns nicht gelungen ist. Was gefällt wurde und doch oft später noch zu etwas Gutem verarbeitet wurde ...; »Meere« – die Zeiten der Anfechtung mit ihren Siegen und Niederlagen, die dazu dienen, dass unsere Persönlichkeit profiliert wird, dass wir wachsen, reifen und Frucht tragen. »*... bis es Abend wird für mich hienieden und er ruft zur ewgen Heimat hin, bis mit ihm ich gehe ein zum Frieden, wo sein selger Himmelsgast ich bin.*«

Viele Gegebenheiten erinnern uns an die Endlichkeit unseres Lebens hier auf dieser Erde. Dieses Leben ist vorläufig, sagen uns die Schreiber der Bibel. Wir haben hier keine bleibende Heimat. Wir sind unterwegs und je älter wir werden, desto bewusster wird uns, dass wir nur Gast auf Erden sind. Ob es ein Jahreswechsel, ein Geburtstag oder eine Beerdigung ist – all das erinnert uns daran: Wir sind Wanderer zwischen zwei Welten, zwischen dieser Zeit und der Ewigkeit. Das haben auch die ersten Christen so empfunden. Darum schreibt ihnen der Autor des Hebräerbriefes: »*Wir haben hier keine bleibende Stadt, sondern die zukünftige suchen wir*« (13,14). Dieses Wissen, diese Erkenntnis wurde ihnen aber, je länger sie lebten, zur Anfechtung. Fragen brachen bei ihnen auf nach dem Sinn und Ziel ihres Lebens – im Bild gesprochen: Gibt es tatsächlich eine neue Stadt am Ziel des irdischen Lebens?

Das ist die entscheidende Frage, die auch uns – wenn wir aufrichtig uns gegenüber sind – immer wieder, einmal mehr, einmal weniger beschäftigt. Man sollte sich ihr stellen und sie nicht verdrängen. Denn von ihrer

Beantwortung hängt ganz wesentlich ab, wie wir unser Leben auf dieser Erde im Heute gestalten. Diese Erkenntnis: »*Wir haben hier keine bleibende Stadt, sondern die zukünftige suchen wir*« will uns nicht entmutigen, sondern ermutigen, die Prioritäten in unserem Leben zu überdenken und wenn notwendig, zu korrigieren, denn unsere wirkliche Heimat ist im Himmel. Für diese Zukunft lohnt es sich, sich hier auf Erden zu entscheiden. Das ist nicht weltfremd, wenn wir um unsere himmlische Heimat wissen und uns auch darauf freuen und vorbereiten. Dieses Wissen will uns vielmehr helfen, jeden Tag, den wir auf dieser Erde leben, bewusst zu erleben, zu gestalten, ja, das Beste aus ihm zu machen. Es stellt sich also die Frage: Welche Konsequenzen ziehen wir aus diesem Hinweis der Bibel: »*Wir haben hier keine bleibende Stadt*«? Dass nichts, was uns auf dieser Erde umgibt, was wir erwirtschaftet, gespart, unser Eigen nennen, Bestand hat? Hilft uns diese Feststellung bei unserem Lebenskonzept, die Prioritäten richtig zu setzen im Umgang mit uns selbst und auch mit anderen; mit unseren Gaben und Fähigkeiten, unserer Zeit, unseren Beziehungen, unserem Hab und Gut? Wie gehen wir mit diesem Wissen um, dass unser Leben hier auf der Erde nur Durchgangsstation ist? Motiviert es uns, verantwortlich im Heute zu leben? Oder drängt es uns dazu, auf Gedeih und Verderb alles herauszuholen, was es herauszuholen gibt? Diese Erkenntnis: »*Wir haben hier keine bleibende Stadt*« ist keine Vertröstung, wenn uns das Leben hier auf dieser Erde schwer wird, sondern echter Trost, Ermutigung, sich den Herausforderungen dieses Lebens zu stellen. Denn wenn wir das Leben nur einseitig unter dem Aspekt der Vergänglichkeit sehen, versäumen wir all das Gute, das Gott in unser Leben hier und heute schon hineingelegt hat. Im Heute bewusst dankbar leben, macht den Wert und die Qualität unseres Lebens aus, trotz der Erkenntnis: Hier kann ich nicht bleiben – ich bin nur Gast! Meine Heimat, meine Bleibe, ist mehr als das, was mich hier umgibt und mir oft so wichtig erscheint. In der Gegenwart leben ist gut, doch dabei die Zukunft ausblenden, ist nicht sinnvoll. Man sollte sich Fragen stellen wie:

❖ Welches Lebensziel habe ich?
❖ Bin ich auf dem richtigen Weg?
❖ Lasse ich mich in meiner Lebensgestaltung von Gottes Wort und Geist beeinflussen?
❖ Gibt mir der Blick auf das Ziel die Kraft und Hoffnung für meinen Weg?
❖ Wo und wie schöpfe ich Kraft für diesen Weg?

Die ersten Christen ließen sich im Blick auf diese Fragen regelmäßig von den Aposteln unterweisen:

❖ sie suchten die Gemeinschaft der Gläubigen;
❖ sie feierten miteinander das Abendmahl, lebten also aus der Vergebung;
❖ und sie beteten miteinander (Apostelgeschichte 2,42).

Ein gutes Konzept, das bis heute seine Gültigkeit hat!

Weiß ich den Weg auch nicht, du weißt ihn wohl; das macht die Seele still und friedevoll. Ist doch umsonst, dass ich mich sorgend müh, dass ängstlich schlägt das Herz, sei's spät, sei's früh.

Du weißt den Weg ja doch, du weißt die Zeit, dein Plan ist fertig schon und liegt bereit. Ich preise dich für deiner Liebe Macht, ich rühm die Gnade, die mir Heil gebracht.

Du weißt, woher der Wind so stürmisch weht, und du gebietest ihm, kommst nie zu spät; drum wart ich still, dein Wort ist ohne Trug, du weißt den Weg für mich, das ist genug.
Hedwig von Redern (1866–1936)

Zurück zum Brief an die Hebräer. Wer die Empfänger tatsächlich waren, wissen wir nicht genau. Es handelt sich wohl um Judenchristen in der Diaspora des damaligen römischen Weltreiches, die die Botschaft von Jesus gehört, sich zu ihm bekehrt haben und in seine Nachfolge getreten sind, also begonnen haben, ihr Leben nach seinen Worten auszurichten; sich von seinem Geist in ihrer Lebensgestaltung inspirieren und motivieren zu lassen. Man geht davon aus, dass der Brief von jemandem geschrieben wurde, der Jesus noch selbst erlebt hat, wie wir Kapitel 2, Vers 3 entnehmen können, wenn es dort heißt: »*Jesus Christus hat es*« – das unvergleichliche Rettungsangebot – »*uns selbst zuerst bekannt gemacht, und es wurde von Zeugen bestätigt, die unseren Herrn mit eigenen Ohren gehört haben.*« (Hoffnung für Alle, 2015). Doch seitdem ist eine geraume Zeit vergangen. Die ersten Zeitzeugen, Lehrer und Führer der Gemeinden sind verstorben (13,7) – einige als Märtyrer – und die Briefempfänger haben einen schweren Stand in ihrem Umfeld. Sie sind öffentlichen Angriffen und Verleumdungen ausgesetzt, einige sind im Gefängnis wegen ihres Glaubens, ihr Besitz wurde geplündert. Trotzdem leben sie bisher ihren Glauben in Treue zu Jesus, ihrem Heiland und Herrn und werden dadurch für andere, die mit ihnen auf dem Weg der Nachfolge und stark angefochten sind, zur Ermutigung, auch in ganz praktischer Hilfe (13,1ff).

Die Empfänger dieses Briefes sind also Nachfolger Jesu, die viel Glaubens- und Lebenshilfe erfahren haben, zu denen Gott sehr gut gewesen ist, aber jetzt stehen sie in Gefahr, auf dem Weg der Nachfolge Jesu im Glauben, Hoffen und Lieben müde zu werden. Gleichgültigkeit und Unglaube schleichen sich bei ihnen ein. Der Autor des Briefes befürchtet, sie könnten dadurch Schuld auf sich laden. Und er weiß, dass Schuld die Beziehung zu Gott stört. Darum seine Ermahnung, die zugleich eine Ermutigung ist, wenn er ihnen schreibt: »*Stärkt die kraftlosen Hände! Lasst die zitternden Knie wieder fest werden! Bleibt auf dem geraden Weg, damit die Schwachen nicht fallen, sondern neuen Mut fassen und wieder gesund werden.*« (12,12.13, Hoffnung für Alle, 2015), d. h. dass sie wieder auf den rechten Weg zur Ewigkeit kommen.

Die Empfänger des Briefes haben also Lebens- und Glaubensprobleme. Sie achten nicht mehr aufeinander, ihre Ohren sind hart geworden. Sie ermutigen sich nicht mehr in Liebe untereinander, spornen sich auch nicht mehr gegenseitig an, sich um andere zu kümmern, ihnen Gutes zu tun. Viele gehen auch nicht mehr zum

Gottesdienst; man kümmert sich nicht mehr um diese Menschen durch Besuche, dass sie wieder kommen; man ist träge geworden; Zweifel haben sich eingeschlichen (10,24–25) – all das können wir in diesem Brief nachlesen. Obwohl sie in ihrem Leben ganz konkret in vielfacher Weise die Hilfe Gottes erfahren haben, stehen sie jetzt in Gefahr, das alles zu vergessen. Der Zusammenhalt bröckelt. Resignation breitet sich aus (6,4ff; 10,26) und damit die Gefahr, am Ziel des Lebens vorbeizuleben. Sie müssten es eigentlich besser wissen, da sie so viele Segnungen und Bewahrungen Gottes erlebt haben.

Dem Schreiber des Hebräerbriefes geht es darum, dass sich seine Briefempfänger wieder daran erinnern, dass sie auf Erden *keine bleibende Stadt* haben, sondern dass dieselbe auf sie wartet! Sie sollen nicht am Ziel ihres Lebens, der ungetrübten Gemeinschaft mit Gott in der Ewigkeit, – im Bild gesprochen: dem neuen Jerusalem –, ihrer eigentlichen Heimat vorbeileben. Sie sollen sich klarmachen, dass sie nur Gast auf Erden sind, dass sie zwischen zwei Welten unterwegs sind. Es ist dem Schreiber ein seelsorgerliches Anliegen, dass sie nicht dieses Ziel aus den Augen verlieren. Sie sollen nicht aufstecken, sondern aufstehen, nicht ihr Vertrauen wegwerfen, sondern an ihrem Glauben festhalten, ihn wieder leben, um neu zu erleben, dass Gott treu ist und keinen über sein Vermögen, über seine Kraft auf den Prüfstand kommen lässt (1. Korinther 10,13). Darum schreibt er ihnen: »*Werft nun eure Zuversicht nicht weg! Es wird sich erfüllen, worauf ihr hofft. Aber ihr müsst standhaft bleiben und tun, was Gott von euch erwartet. Er wird euch alles geben, was er zugesagt hat«* (Hebräer 10,35.36, Hoffnung für Alle, 2015). Und dann beschreibt er, was Glaube ist: *»Es ist aber der Glaube eine feste Zuversicht dessen, was man hofft, und ein Nichtzweifeln an dem, was man nicht sieht.«* (Hebräer 11,1). Das heißt, ich bin davon überzeugt, dass Gott gegenwärtig ist und mir ewiges Leben in seiner Gemeinschaft gibt, weil ich sein Versöhnungsangebot in Jesus Christus angenommen habe und nach seinen Weisungen bemüht bin, zu leben. *»Um es einfach zu sagen: Glaube ist die Gewissheit, dass Hoffnungen erfüllt werden; und Glaube ist die Überzeugung davon, dass ungesehene und unsichtbare Realitäten nicht nur vorhanden sind, sondern sogar das Wichtigste aller Dinge sind«* (William Barclay).

Ernst Moritz Arndt (1769–1860) unterstreicht das mit seinem Lied:
Ich weiß, woran ich glaube, ich weiß, was fest besteht, wenn alles hier im Staube wie Sand und Staub verweht. Ich weiß, was ewig bleibet, wo alles wankt und fällt, wo Wahn die Weisen treibet und Trug die Klugen hält.

Ich weiß, was ewig dauert, ich weiß, was nimmer lässt, auf ewgem Grund gemauert steht diese Schutzwehr fest. Es sind des Heilands Worte, die Worte fest und klar, an diesem Felsenhorte halt ich unwandelbar.

Auch kenn ich wohl den Meister, der mir die Feste baut; er heißt der Fürst der Geister, auf den der Himmel schaut, vor dem die Seraphinen anbetend niederknien, und dem die Engel dienen, ich weiß und kenne ihn.

Das ist das Licht der Höhe, das ist der Jesus Christ, der Fels, auf dem ich stehe, der diamanten ist, der nimmermehr kann wanken, der Heiland und der Hort, die Leuchte der Gedanken, die leuchtet hier und dort.

So weiß ich, was ich glaube; ich weiß, was fest besteht, und in dem Erdenstaube nicht mit als Staub verweht; ich weiß, was in dem Grauen des Todes ewig bleibt und schon auf Erdenauen des Himmels Blumen treibt.

Glaube beginnt also damit, dass ich überzeugt bin, dass Gott ist und dass er die belohnt, die ihn suchen (11,6), so schreibt der Verfasser weiter; d. h. Gott ist daran interessiert, dass wir auf dem Weg zum ewigen Leben bleiben und dieses Ziel erreichen. Es ist ihm nicht gleichgültig, was wir tun und was wir lassen. Ihm ist unsre Einstellung zu ihm ganz wichtig, sagt er doch: »*Ich bin der Herr, dein Gott ... Du sollst keine anderen Götter haben neben mir*« (2. Mose 20,2.3). Darin zeigt sich deine Gesinnung, dass du mir vertraust, traust und zutraust, dass ich für dich bin! Gott liebt uns und wenn wir ihn lieben, dann ist er einbezogen in unser ganzes Leben, denn Gott nimmt Anteil an unserem Leben.

Aus freiem Willen ergreift also ein Mensch den Glauben, von dessen Inhalt er ergriffen ist. Glaube, der nicht »ich« sagen kann, (»*Ich glaube an Gott, ...*«; Glaubensbekenntnis) hat im Leben keine Auswirkung, keine Anziehung und daher auch keine Ausstrahlung. Glaube ist der Beweis, dass »*ich*« meine Rebellion gegen Gott aufgegeben habe, dass Jesus Christus mein Heiland und

Herr ist, also das Sagen in meinem Leben hat. So ist aus Feindschaft zwischen Gott und mir Freundschaft geworden. Ich darf daher nie vergessen, dass ich als Christ den Namen dessen trage, der mich mit Gott versöhnt hat – Jesus Christus. Durch ihn habe ich bereits heute Bürgerrecht im Himmel, bin sozusagen vorangemeldet.

Dieses Gott vertrauende Denken sollen die Hebräer und wir in Geduld üben. Es geht um die Entschlossenheit, weiterzumachen trotz Rückschlägen oder zeitweiligen Niederlagen. Wir sollen neu Vertrauen fassen und nicht den Wettkampf ums Ziel aufgeben. Daher macht uns der Schreiber auf Gefahren aufmerksam, die unseren Lebenslauf so beeinträchtigen können, dass wir scheitern: Es ist die Gefahr,

❖ sich treiben zu lassen, statt Entscheidungen zu treffen (2,1);

❖ der Stagnation, die keinen Fortschritt zulässt; die Furcht vor einem Neuanfang (5,11–6,1);

❖ getröstet werden zu wollen, anstatt mit Disziplin an sich zu arbeiten (12,4–11);

❖ der Isolierung, des sich Zurückziehens, statt bewusst die Gemeinschaft zu suchen (10,25);

❖ des Abfalls, der keine Treue kennt, wenn's kritisch wird (6,1–8);

❖ in die falsche Richtung zu schauen, statt vorwärts zu blicken und Altlasten endlich zurückzulassen (10,35);

Ein Nachfolger Jesu schaut aufwärts und vorwärts! Für ihn gilt, wozu uns August Hermann Francke (1853–1891) mit seinem Lied ermutigt:

Nun aufwärts froh den Blick gewandt und vorwärts fest den Schritt! Wir gehn an unsers Meisters Hand und unser Herr geht mit.

Vergesset, was dahinten liegt und euern Weg beschwert; was ewig euer Herz vergnügt, ist wohl des Opfers wert.

Und was euch noch gefangen hält, o werft es von euch ab! Begraben sei die ganze Welt für euch in Christi Grab.

So steigt ihr frei mit ihm hinan zu lichten Himmelshöhn. Er uns vorauf, er bricht uns Bahn – wer will ihm widerstehn?

Drum aufwärts froh den Blick gewandt und vorwärts fest den Schritt! Wir gehn an unsres Meisters Hand, und unser Herr geht mit.

Der Schreiber des Hebräerbriefes erinnert daran: »*Da wir nun so viele Zeugen des Glaubens um uns haben, lasst uns alles ablegen, was uns in dem Wettkampf behindert, den wir begonnen haben – auch die Sünde, die uns immer wieder fesseln will. Mit Ausdauer wollen wir auch noch das letzte Stück bis zum Ziel durchhalten*« (12,1, Hoffnung für Alle, 2015). Mit Geduld und Ausdauer überwinden wir die Hürden, die sich uns auf dem Weg zum Ziel in den Weg stellen. Deswegen die Ermutigung: »*Dabei wollen wir nicht nach links oder rechts schauen, sondern allein auf Jesus. Er hat uns den Glauben geschenkt und wird ihn bewahren, bis wir am Ziel sind*« (12,2, Hoffnung für Alle, 2015). »*Bleibt auf dem geraden Weg, damit die Schwachen nicht fallen, sondern neuen Mut fassen und wieder gesund werden*« (12,13, Hoffnung für Alle, 2015). Die von diesem Ziel überzeugt sind, bekennen: »Das Schönste kommt noch! Das Beste liegt noch vor uns!« Das ist keine Verneinung des Lebens hier auf dieser Erde. Nein, im Gegenteil, daraus resultiert ein ganz bewusstes, verantwortliches, dankbares Leben im Heute nach den Worten Jesu: »*Setzt euch zuerst für Gottes Reich ein und dafür, dass sein Wille geschieht. Dann wird er euch mit allem anderen versorgen*« (Matthäus 6,33, Hoffnung für Alle, 2015). Es geht um die Frage, wer oder was an erster Stelle in unserem Leben steht. Welches Ziel verfolge ich, was bestimmt meinen Weg? Das heißt: Der Glaube an Gott wirkt sich im Leben eines Menschen in seiner Lebensgestaltung aus. Er beweist sich in der Einstellung, dass wir Fremdlinge und Pilger sind, keine bleibende Stadt hier auf Erden haben, wir die wahre Heimat suchen, Sehnsucht nach ihr haben (11,13–16). Unser Leben wird aus der Blickrichtung der Ewigkeit betrachtet und von daher gestaltet. Das heißt nicht, dass wir weltfremd leben, aber auf unserem Lebensweg andere Akzente setzen als die Menschen, die Gott nicht kennen und nicht lieben und damit auch nicht nach seinem Willen fragen.

Es ist also dieses Leben auf der Erde nicht unwichtig, sondern der Glaube an Jesus Christus gibt dem Leben eine neue Bedeutung, einen neuen Sinn und damit eine neue Zielrichtung. Dieses Leben ist Übergang in eine neue Existenz. Eine neue Welt wartet auf uns, in der alle Hoffnungen erfüllt werden, von denen Jesus spricht. Glauben ist eine Lebenshaltung, die nie den Blick auf die Ewigkeit verliert. Und dieser Glaube bewährt sich im

Einhalten der Wegweisungen Gottes und Jesu, wie wir sie z. B. in den Zehn Geboten und in der Bergpredigt finden.

Als Ziel unseres Lebens nennt der Verfasser des Hebräerbriefes »*die zukünftige Stadt*«: »*Wir haben hier keine bleibende Stadt, sondern die zukünftige suchen wir!*« Das ist ein Sehnsuchtswort. Das Suchen meint hier ein ganzheitliches Hinwenden, ein sich Ausrichten nach ewig Beständigem. Letztlich geht es um unsere Hingabe an Gott. Von ihm allein bezeugt die Bibel, dass er bleibend ist. Glauben heißt, mit Gott unterwegs sein zum Ziel. Diese neue Stadt, diese unsere ewige Heimat, wird uns in der Bibel mit vielen Bildern beschrieben. Der Seher Johannes beschreibt zum Beispiel in der Offenbarung in einer Vision den neuen Himmel und die neue Erde mit folgenden Worten: »*Und ich sah einen neuen Himmel und eine neue Erde; denn der erste Himmel und die erste Erde sind vergangen, und das Meer ist nicht mehr. Und ich sah die heilige Stadt, das neue Jerusalem, von Gott aus dem Himmel herabkommen, bereitet wie eine geschmückte Braut für ihren Mann. Und ich hörte eine große Stimme von dem Thron her, die sprach: Siehe da, die Hütte Gottes bei den Menschen! Und er wird bei ihnen wohnen, und sie werden seine Völker sein, und er selbst, Gott mit ihnen, wird ihr Gott sein; und Gott wird abwischen alle Tränen von ihren Augen, und der Tod wird nicht mehr sein, noch Leid noch Geschrei noch Schmerz wird mehr sein; denn das Erste ist vergangen. Und der auf dem Thron saß, sprach: Siehe, ich mache alles neu!*« (Offenbarung 21,1–5)

Dieser ewige Ruheort greift das Bild vom himmlischen Jerusalem auf, dem Ort, wo Gott gegenwärtig ist und sein Volk mit ihm lebt, wo es die Fülle des Heils erlebt. Das ist lebendige Hoffnung, die durch den Horizont hindurchschaut. C. H. Gabriel (1856–1932) hat es in seinem Lied »*Glory for me*« so ausgedrückt:

Wenn nach der Erde Leid, Arbeit und Pein ich in die goldenen Gassen zieh ein, wird nur das Schaun meines Heilands allein Grund meiner Freude und Anbetung sein. Das wird allein Herrlichkeit sein, wenn frei von Weh ich sein Angesicht seh, wenn frei von Weh ich sein Angesicht seh!

Wenn dann die Gnade, mit der ich geliebt, dort eine Wohnung im Himmel mir gibt, wird doch nur Jesus und Jesus allein Grund meiner Freude und Anbetung sein. Das wird allein Herrlichkeit sein, wenn frei von Weh ich sein Angesicht seh, wenn frei von Weh ich sein Angesicht seh.

Dort vor dem Throne im himmlischen Land treff ich die Freunde, die hier ich gekannt; dennoch wird Jesus und Jesus allein Grund meiner Freude und Anbetung sein. Das wird allein Herrlichkeit sein, wenn frei von Weh ich sein Angesicht seh, wenn frei von Weh, ich sein Angesicht seh!

Wir sind Suchende, tragen tief in uns diese Sehnsucht nach einem Ort, wo es kein Leid, keinen Schmerz, keine Traurigkeit, keine Angst, keine Sorgen, keinen Kummer mehr gibt; wo Frieden herrscht, Freude, Ausruhen, Geborgenheit. Wir können uns noch so anstrengen, wir finden diesen Ort von uns aus nicht; wir können ihn uns auch nicht verdienen oder gar kaufen, auch nicht erarbeiten. Wir bleiben Suchende. Wenn uns nicht gesagt wird, wie und wo wir ihn finden, erreichen wir ihn nicht, bleibt unsere Sehnsucht ungestillt. Denn auf der Erde gibt es keine bleibende Stadt, in der wir für immer zu Hause sein können.

In seinen Abschiedsreden spricht Jesus von dieser bleibenden Stadt: »*Euer Herz erschrecke nicht! Glaubt an Gott und glaubt an mich! In meines Vaters Hause sind viele Wohnungen. Wenn's nicht so wäre, hätte ich dann zu euch gesagt: Ich gehe hin, euch die Stätte zu bereiten? Und wenn ich hingehe, euch die Stätte zu bereiten, will ich wiederkommen und euch zu mir nehmen, auf dass auch ihr seid, wo ich bin*« (Johannes 14,1–3).

Glaube beginnt da, wo aller Grund vorhanden scheint, ihn aufzugeben. Die Hoffnungen der Jünger waren alle zerbrochen, als Jesus diese Worte sprach. Sie waren in ihrem Glauben tief erschüttert, ja wankend geworden. Als Jesus seinen Leidensweg ankündigte, konnten sie das gar nicht verstehen. Es war doch so schön: sein Einzug in Jerusalem, die Auferweckung des Lazarus, die Brotvermehrung, seine Heilungen ... und nun sagt er ihnen, dass er von ihnen weggeht »*Wo ich hingehe, dahin wisst ihr den Weg*« (Johannes 14,4).

Doch Thomas, der Zweifler, wie er oft genannt wird, antwortet ihm: »*Herr, wir wissen nicht, wo du hingehst; wie können wir den Weg wissen?*« Auch wenn die Jünger ihn jetzt nicht verstehen, gilt sein Wort: Ich gehe hin, euch eure ewige Heimat zu bereiten. Bis das soweit ist, liegt vor euch ein Leben reich an Arbeit, hart an Kämpfen und auch vielfältiges Leiden. Dennoch liegt am Ende des weiten Weges euer Vaterhaus, das auf euch wartet. Dessen dürft ihr ganz gewiss sein. Auch wenn euch jetzt bange ist und ihr denkt: Jesus hat dort wohl seine Heimat, aber wie finden wir dort unseren Platz? Wie kommen wir hin? Jesus sagt: »*Ich bin der Weg und die Wahrheit und das Leben; niemand kommt zum Vater denn durch mich*«; darum: »*Ich will wiederkommen und euch zu mir nehmen, auf dass auch ihr seid, wo ich bin.*« Allein Jesus ist der Weg, weil er allein die Versöhnung für unsere Sünden ist (1. Johannes 2,2). So bringt uns Jesus durch sein Leiden, Sterben und Auferstehen zu Gott, unserem Schöpfer und Vater. Darum ist er zugleich die Wahrheit und führt uns zum ewigen Leben. In Jesus finden wir die Wirklichkeit des lebendigen Gottes.

Die Botschaft der Bibel sagt uns also, dass es ein ewiges Zuhause gibt und Jesus Christus den Weg dorthin nicht nur kennt, sondern selbst ist, weil er von dort in unsere Welt gekommen ist und nach seiner Auferstehung dorthin zurückgegangen ist. Jesus will unser Versöhner und Heiland, unser Wegbereiter und Führer, unser Begleiter, Berater und Seelsorger sein, damit wir nicht auf der Strecke bleiben, sondern in unserer eigentlichen Heimat ankommen. Vertrauen Sie sich ihm auch an, neu oder zum ersten Mal. Dann haben auch Sie Wohnrecht im Himmel, Ihrer neuen Heimat. Das Lied von Georg Weisel (1590–1635) lädt Sie dazu ein:

Such, wer da will, ein ander Ziel, die Seligkeit zu finden; mein Herz allein bedacht soll sein, auf Christum sich zu gründen. Sein Wort ist wahr, sein' Werk' sind klar; sein heilger Mund hat Kraft und Grund, all Feind' zu überwinden.

Such, wer da will, Nothelfer viel, die uns doch nichts erworben; hier ist der Mann, der helfen kann, bei dem nie was verdorben. Uns wird das Heil durch ihn zuteil; uns macht gerecht der treue Knecht, der für uns ist gestorben.

Ach sucht doch den, lasst alles stehn, die ihr das Heil begehret; er ist der Herr und keiner mehr, der euch das Heil gewähret. Sucht ihn all Stund von Herzensgrund, sucht ihn allein; denn wohl wird sein dem, der ihn herzlich ehret.

Meins Herzens Kron, mein Freudensonn sollst du, Herr Jesu, bleiben; lass mich doch nicht von deinem Licht durch Eitelkeit vertreiben. Bleib du mein Preis, dein Wort mich speis, bleib du mein Ehr, dein Wort mich lehr, an dich stets fest zu gläuben.

Wend von mir nicht dein Angesicht, lass mich im Kreuz nicht zagen; weich nicht von mir, mein höchste Zier, hilf mir mein Leiden tragen. Hilf mir zur Freud nach diesem Leid; hilf, dass ich mag nach dieser Klag dir ewig dort Lob sagen.

Februar

Fasten – ein Einüben in die Freiheit des Verzichten-Könnens zu einem sieghaften Leben

Wenn am Aschermittwoch »alles vorbei« ist, fängt für die Christen eine besondere Zeit des Kirchenjahres an: die Passionszeit. Viele nutzen diese Tage fürs konzentrierte Bibelstudium, für Stille- und Gebetszeiten und auch fürs Fasten.

Es gibt verschiedene Aspekte, die zum Fasten bewegen können:

❖ Da ist das Fasten aus medizinischen Gründen; eine ärztlich anerkannte Heilmethode. Man spricht von der »Operation ohne Messer«.

❖ Auch das Fasten um einer besseren Kondition willen findet heute allgemein Verständnis. Es verhilft zu einem neuen Lebensgefühl. Übertriebenes Achten auf Essen und Trinken allerdings, sozusagen »Gesundheit um jeden Preis«, auch »Wellness«, können heute so in den Vordergrund treten, dass dadurch die Prioritäten völlig verschoben werden. Dem Leben werden damit der eigentliche Sinn und das eigentliche Ziel entzogen, sodass es für viele weiterhin leer und sinnlos bleibt, trotz großer Anstrengungen.

❖ Wer fastet, soll aber eine neue Dimension der Freiheit erleben – die Freiheit vom Zwang, vom Rausch des nimmersatten Erleben-Müssens. Wer fastet, kann die Herrschaft des Geistes über das Fleisch, den Egoismus, die Bequemlichkeit (Römer 13,12.13; 1. Korinther 9,27) erleben. Er kann erfahren, dass nicht der frei ist, der tun kann, was er will, sondern der wollen kann, was er tun soll!

❖ Zum Fasten gehört auch der soziale Aspekt. Fasten sollte nie Selbstzweck sein. Freiwilliges Verzichten bedeutet Nächstenliebe, Mitmenschlichkeit. Wenn Christen nicht mehr fasten und verzichten, oder es nur aus egoistischen Motiven tun, fällt der Hunger der Welt auf sie zurück. Der Hunger der Welt hat seine Ursache im Egoismus des Menschen. Unser Geben muss daher mehr sein als ein bloßes Spenden aus dem Überfluss. Nicht Kollekten sind gefragt, sondern »*Dank-Opfer*« (Psalm 50,23), sonst bleiben die Spenden nur eine Beschwichtigung des eigenen schlechten Gewissens. Viele haben das vergessen, verdrängt oder noch nie recht zur Kenntnis genommen, was im deutschen Grundgesetz steht: dass »Eigentum verpflichtet!« Man schiebt das gerne weg und denkt: Das geht die andern an, mich doch nicht!

Der bekannte englische Theologe Matthew Henry kann uns hier helfen, dass ein Umdenken und ein neues Denken beginnt. Als er eines Tages von Dieben ausgeraubt wurde, schreibt er am Abend Folgendes in sein Tagebuch: »*Ich will dankbar sein, erstens: weil ich nie zuvor ausgeraubt wurde; zweitens: weil sie mir nur mein Geld und nicht auch mein Leben nahmen; drittens: weil ich nicht viel bei mir hatte und viertens: Ich war der Beraubte – und nicht der Dieb.*« Nachdenkenswert!

❖ Die Schere zwischen arm und reich geht immer weiter auseinander. Übersehen werden dabei die, denen es am Notwendigsten fehlt. Erst durch den persönlichen Verzicht merkt man, dass es oft gar nicht so leicht ist, auf etwas zu verzichten, das man bisher für selbstverständlich hingenommen hat und von dem man – wenn man aufrichtig zu sich selbst ist – erkennt: Ich will es gar nicht loslassen, hergeben, darauf freiwillig verzichten. Eigentlich will ich es behalten. Wie schnell findet man Entschuldigungen fürs eigene Verhalten.
Biblisches Fasten ist ein an der Bibel orientiertes ethisches Verhalten, das durch den Glauben an Jesus Christus geprägt ist und als Beweggrund das Vorbild der praktizierten Liebe Jesu hat.
❖ Landläufig wird das Fasten oft mit Hungern verwechselt. Doch diese beiden Begriffe bilden geradezu ein Gegensatzpaar, denn Hunger ist etwas Aufgezwungenes; Fasten dagegen geschieht völlig freiwillig. Hungern ist Qual; Fasten – recht geübt – ist Freude und Erquickung. Wenn ich faste, verfolge ich bestimmte, sinnvolle Ziele. Ich will neue Prioritäten in meinem Leben setzen, indem ich mich zum Beispiel um meinen Nächsten kümmere, sodass ich Zeit, Kraft, Geld, Liebe, Verständnis, Interesse für ihn investiere. Wer so lebt, fastet Gott wohlgefällig; er übt freiwillig Verzicht. Jesus hat das unmissverständlich gesagt: »*Wenn ihr fastet, dann schaut nicht so drein wie die Heuchler! Sie setzen eine wehleidige Miene auf und vernachlässigen ihr Aussehen, damit jeder merkt, dass sie fasten. Ich versichere euch: Diese Leute haben ihren Lohn schon erhal-*

ten! Bei dir soll es anders sein: Wenn du fastest, dann pflege dein Äußeres so, dass keiner etwas von deinem Verzicht merkt – außer deinem Vater im Himmel. Denn er ist auch da, wo niemand zuschaut. Und dein Vater, der auch das Verborgene sieht, wird dich dafür belohnen« (Matthäus 6,16–18, Hoffnung für Alle, 2015). Jesus meint das sehr konkret: *»Was ihr getan habt einem von diesen meinen geringsten Brüdern – Schwestern –, das habt ihr mir getan«* (Matthäus 25,40). Noch konkreter: *»Wer zwei Hemden hat, der gebe dem, der keines hat; und wer Speise hat, tue ebenso«* (Lukas 3,11).

❖ Beim biblischen Fasten geht es also – wie bereits erwähnt – um die Freiheit des Verzichten-Könnens und -Wollens unter dem Aspekt: *»Alles ist erlaubt, aber nicht alles dient zum Guten. Alles ist erlaubt, aber nicht alles baut auf«* (1. Korinther 10,23). Verzichten bringt dort Gewinn, wo etwas an sich Gutes schlechte Auswirkungen hat und Schaden anrichtet. Wenn jemand zum Beispiel Probleme mit dem Alkohol hat, kann ich ihm dabei helfen, davon frei zu werden, wenn ich um seinetwillen auch darauf verzichte und zwar aus freien Stücken, obwohl ich damit keine Probleme habe. Oder denken wir an den Verzicht auf Fernsehen, PC, Internet, Games, Handy, SMS, Süßigkeiten, Zigaretten, Kaffee, Fleisch, Shoppen u. v. a .m. Selbst das Wort-Fasten, in unserer von einer Inflation der Worte geprägten Zeit, kann seinen Sinn und seine besondere Bedeutung bekommen, wenn ich erkenne: Ich rede zu viel und zu unbedacht – »es redet«! Ich bin mir der Verantwortung meiner Worte oft gar nicht bewusst. Und ich höre in Wirklichkeit gar nicht zu.

Um diese Erkenntnis in uns zu vertiefen, kann ein ernsthaftes Gebet – wie es im Lied von Johann Joachim Justus Breithaupt (1658–1732) zum Ausdruck kommt, Wunder wirken:

Versucht und prüft euch selbst, ob ihr im Glauben stehet, ob Christus in euch ist, ob ihr ihm auch nachgehet in Demut und Geduld, in Sanftmut, Freundlichkeit; ob ihr dem Nächsten stets zu dienen seid bereit.

Der Glaube ist ein Licht, im Herzen tief verborgen, bricht als ein Glanz hervor, scheint als der helle Morgen, erweiset seine Kraft, macht Christo gleichgesinnt, erneuert Herz und Mut, macht dich zu Gottes Kind.

Er schöpft aus Christo Heil, Gerechtigkeit und Leben und will, was er empfing, gern andern weitergeben. Dieweil er überreich in Christo worden ist, preist er die Gnade hoch, bekennet Jesum Christ.

Er nimmt mit Freuden an, was Gott im Wort verkündet. Der Zweifel muss entfliehn, die Hoffnung wird begründet; die hält in jeder Not sich an dem Worte fest, dass Gott uns alle Ding zum Besten dienen lässt.

Hilf, Jesu, dass wir dich durch wahren Glauben ehren! So wirst du auch in uns des Glaubens Früchte mehren. Wo Lebensfeuer ist, strahlt auch des Lebens Schein, und wo der Glaube wirkt, da müssen Werke sein.

Was lesen wir in der Bibel über das Fasten? Hier einige Aussagen, zunächst aus dem Alten Testament:

❖ Fasten als Ausdruck der Buße, des Umdenkens (5.

Mose 9,18; 1. Samuel 7,6; Nehemia 9,1; 1. Könige 21,27). Der neu denkende Mensch dokumentiert damit seine Reue vor Gott;
❖ als Totentrauer (1. Samuel 31,13; 1. Chronik 10,12). Das Volk Israel trägt Leid um den Tod Sauls und seiner zwei Söhne;
❖ als Vorbereitung intensiver Gemeinschaft mit Gott (5. Mose 9,9; 2. Mose 24,12–18; 34,28; 1. Könige 19,8). Als Mose von Gott die Zehn Gebote empfängt, fastet er 40 Tage und Nächte;
❖ als Ausdruck des Schmerzes (1. Samuel 1,7). Hanna fastet in Silo aus Schmerz darüber, dass sie kinderlos ist;
❖ als Hilfe, den Willen Gottes zu erkennen (Daniel 9,2ff; 10,2–3.12). Daniel fastet zum Empfang einer Offenbarung und zur Unterstützung seiner Bitte an Gott;
❖ als Unterstützung des Gebets in Notzeiten (2. Chronik 10,3.4). Josaphat und das Volk suchen das Angesicht Gottes;
❖ als Bereicherung beim Feiern bestimmter Feste (Sacharja 8,19). Die Freude der Gemeinschaft mit Gott wird vertieft und die Zubereitung zum Dienst intensiviert.

Auch im Neuen Testament finden wir das Fasten ...
❖ als Waffe gegen die Macht Satans (Matthäus 4,2ff; 17,21). Der Glaube, das Gott vertrauende Denken, erfährt darin Stärkung;
❖ als Hilfe zu vollmächtigem Wirken (Markus 2,18–20; 9,29). Gottes Kraft wird sichtbar;
❖ als Zeichen der Demut (Lukas 2,37). Die Beziehung zu Jesus wird vertieft;

- als Weg zur Heiligung (1. Korinther 9,24-27). Die Gemeinschaft mit Gott wird gereinigt und geheiligt;
- als Rücksicht auf Schwache (Römer 14,21). Das Miteinander der Gläubigen erfährt Entlastung und Profilierung;
- als Zurüstung zum Dienst (Apostelgeschichte 13,12; 14,23; 2. Korinther 6,5; 11,27). Man wird seiner Berufung gewiss;
- als Dienst der Befreiung (Lukas 4,18; Markus 9,29). Sieg über böse Mächte wird geschenkt.
- als Kraft zur Bewährung (Matthäus 4,11ff.). Die Anfechtungen werden überwunden;
- als Zeit der Stille und des Gebets (1. Korinther 7,5). Das Gott vertrauende Denken erfährt Reifung.

Ein Gebet kann uns im Weiterdenken leiten:
Lass du mich stille werden, mein Herr und Gott, nur deine Stimme hören in Glück und Not.
Bring alles eigne Wollen in mir zur Ruh, und meines Lebens Fragen entscheide du.
Wenn ich den Weg nicht finde in dunklem Streit, leucht mir mit ewgem Lichte durch diese Zeit.
Reich mir die Gnadenhände in meinem Lauf, zieh Blicke und Gedanken zu dir hinauf!
Bin ich in deinem Bilde dereinst erwacht, dann rühm ich deine Gnade: Du hast's vollbracht!
Marie Esther Gräfin von Waldersee (1837–1914)

Nach diesen Anmerkungen aus dem Alten und Neuen

Testament zum Thema Fasten nun einige Stimmen aus der Kirchengeschichte:

❖ William Bramwell, einer der ersten Prediger der Methodisten in England sagt: »Der Grund, warum Christen im Allgemeinen nicht in der Erlösung stehen, ist der, dass sie zu viel schlafen, essen und trinken, zu wenig fasten und sich selbst verleugnen, zu viel Konversation mit der Welt haben, zu viel predigen und hören, aber zu wenig Zeit zur Selbstprüfung und zum Gebet haben.«

❖ Johann Christoph Blumhardt schreibt: »Insofern das Fasten vor Gott geschieht, ist es ein praktischer Beweis, dass das Anliegen, um das wir beten, für uns ernst und dringend ist. Und so stärkt es die Intensität und die Kraft des Gebets und wird ein unaufhörlicher praktischer Ausdruck des Gebets ohne Worte. Ich habe es erprobt, ohne jemandem davon zu sagen, und ich kann nur feststellen, dass das Anliegen, um das ich betete, außerordentlich leichter wurde. Ich brauchte nicht mehr so lange bei den Kranken zu bleiben, und ich merkte, dass ich sie auch beeinflusste, ohne bei ihnen zu sein.«

❖ Dietrich Bonhoeffer: »Solche Übungen haben den einzigen Zweck, den Nachfolgenden für den befohlenen Weg und für das ihm befohlene Werk bereiter und freudiger zu machen. Der selbstsichere und träge Wille, der sich nicht zum Dienst treiben lässt, wird gezüchtigt, das Fleisch wird gedemütigt und gestraft. Ein Leben, das ganz ohne asketische Übung bleibt, das sich die Wünsche des Fleisches gönnt, solange sie nach der bürgerlichen Gerechtigkeit ›erlaubt‹ sind, wird sich für den Dienst Christi schwer bereiten.«

❖ Rudolf Bohren: »Das alles gilt nicht nur für unser Tun; es gilt ebenso im Blick auf unser Wort. In einer Zeit pausenlosen Redens ist es geboten, immer wieder die Notwendigkeit des ›Wort-Fastens‹ zu betonen. Wer nicht mit seinen Worten fasten lernt, fördert nicht nur den Verschleiß der Sprache, er verzettelt auch sein Wesen. Es ist eine alte Erfahrung: ›Wer weniger redet, hat mehr zu sagen!‹«

❖ Manfred Seitz: »Ein Mensch, der verzichten kann, ist eine Wohltat für seine Umgebung. Er ist weder Spielball seiner Triebe noch seiner Gefühle. Er ist ein zuchtvoller Mensch, zu dem man Vertrauen haben kann. So stehen Gottesliebe, Mitmenschlichkeit und Verzicht in einem tiefen Zusammenhang untereinander.«

Auch in unseren Tagen gibt es Erfahrungen mit dem Fasten, die inspirieren und motivieren können.

❖ Ein Redakteur stellt fest: »Ich bin mit großen Erwartungen zur Fastenfreizeit gefahren, aber nicht, weil ich Gott ein besonderes Opfer bringen wollte, sondern weil ich etwas Besonderes von ihm empfangen wollte. Als Fastender bin ich auch anderen Christen nicht überlegen, sondern mein geistliches Leben ist neu aufgefrischt, freier und mutiger geworden. Das Fasten in Gemeinschaft ist im Nachhinein betrachtet keine Last, sondern Freude gewesen. Nie ergab sich sonst die Möglichkeit, meine geistliche Antenne so gezielt auf Jesus auszurichten und ohne Ablenkung des Alltags zu empfangen. Durch Gebetsgemeinschaften und den Austausch mit anderen Teilnehmern ist mir die Führung Gottes in meinem Leben in einigen Bereichen ganz konkret bewusst geworden.«

❖ Eine Diakonisse fasst ihre Erfahrungen so zusammen: »Mein Alltag als Gemeindeschwester ist sehr bunt. Ich kann mich nicht den Menschen entziehen, z. B. das Telefon und die Türklingel abstellen. So sind mir die Fastenklausuren jedes Mal Oasen, Segenszeiten. Und ich plane sie bewusst ein. Ja, ich brauche sie. Sie sind für mich eine Art Kur für mein geistliches Wohlbefinden. Da stelle ich mich neu dem Herrn Jesus Christus zur Verfügung; stelle mich wieder bewusst in seinen Dienst. Ich rechne damit, dass er mich anspricht, dass er mir Weisungen gibt, und ich will gehorchen. Gestärkt durch das Ausruhen vor Gott und die Gemeinschaft mit Schwestern und Brüdern im Glauben gehe ich dann wieder in meinen Alltag zurück. Mit Anfechtungen vor, während und nach den Einkehrtagen rechne ich; sie sind nichts Besonderes mehr. Der Satan will mich durcheinanderbringen. Manches Mal gelingt es ihm; doch – Jesus Christus ist zum Vergeben bereit. Er ist und bleibt der Sieger.«

❖ Ein im Ruhestand lebendes Ehepaar berichtet: »Vom Hausarzt mit den nötigen Medikamenten versorgt – so ganz traute man der Sache ja doch nicht –, ging's zur Fastenwoche. Ja, wofür wollten wir eigentlich fasten? Wir waren doch als wiedergeborene Gotteskinder zufrieden. Doch schon bald nach der Ankunft spürten wir: Da waren Christen, die etwas erwarteten von dieser Fastenfreizeit. Ja, wir können im Nachhinein sagen: Wir dürfen von unserem Herrn Jesus Christus viel erwarten. Wenn wir durch Fasten seine Nähe suchen, beschenkt er uns reich. Das persönliche Gebet und die gemeinsamen Gebetszeiten während des Fastens sind das große Erleben mit ihm. Nichts steht hindernd im Weg oder nimmt unsere Gedanken gefangen. Die Gemeinschaft untereinander trägt und wirkt sich im Gebet aus. Gedanken bei Bibelarbeiten und meditierendem Nachdenken sind tiefer und gründlicher. Die Gedanken schweifen im Laufe der Tage weniger ab als sonst. Tiefer Friede im Herzen lässt uns Gott besonders heilsam nahe sein. Gleichzeitig zeigt uns dieses Nahesein aber auch unsere Sündhaftigkeit auf. Wir bekamen Verlangen, uns befreien zu lassen durch das Angebot der Beichte und den Zuspruch der Vergebung. Dadurch kam es bei uns zu einer neuen Hingabe an Jesus Christus.«

Manche Christen führen das biblisch begründete Fasten hin und wieder für sich zu Hause durch. Das kann man ganz gewiss. Die Erfahrung zeigt allerdings, dass es in Gemeinschaft mit anderen besser geht und mehr Freude bereitet. In jedem Fall sind so oder so wichtige Regeln zu beachten:
❖ Es sollte mit dem Hausarzt geklärt sein, ob irgendwelche Bedenken gegen das kurzfristige Fasten oder eine Fastenwoche bestehen.
❖ Zur Vorbereitung und zum Eintritt ins Fasten gehören inneres und äußeres Zur-Ruhe-Kommen.
❖ Hilfreich ist, bereits Tage zuvor zur Fastenvorbereitung sein Essen maßvoll zu reduzieren; auch die Genussmittel wie Nikotin, Alkohol und Koffein, Süßigkeiten einzuschränken; besser noch, auf sie zu verzichten.

❖ Auf ausreichendes Trinken und sorgsame Hygiene ist ganz besonders in den Tagen des Fastens zu achten. Spaziergänge an der frischen Luft tragen zum umfassenden Wohlbefinden bei.

❖ Fürs Fastenbrechen gilt der Merksatz: so viel Fastentage, so viel Rückgewöhnung an die übliche Kost und das mit leichtem Essen.

Neben diesen Äußerlichkeiten aber kommt es vor allem darauf an, dass man sich sehr viel Zeit nimmt für die geistlichen Schwerpunkte:

❖ Das Stillewerden vor Gott; totale Schweigezeiten, Wortfasten tun gut; alles unnötige Reden einstellen ist hilfreich zur Sammlung vor Gott. Keine Telefongespräche, kein Computer, keine SMS, keine Post, keine Besuche, kein Radio, keine Zeitung!

❖ Zur inneren Klausur hat es sich als gut und hilfreich erwiesen, dass während der Zeit des Fastens und Verzichtens außer der Bibel und dem Gesangbuch keine andere Literatur gebraucht wird.

❖ Ein Merkbuch ist hilfreich, um spontane Inspirationen, neue Einsichten, Erkenntnisse und Entschlüsse festzuhalten.

❖ Es empfiehlt sich, einen fortlaufenden biblischen Text zu bedenken. Die tägliche Bibellese bietet sich hier an.

❖ Das Gebet ist geprägt von der Anbetung Gottes, dem Lob seines Namens, dem Nachsinnen über sein Wesen und seine Eigenschaften, vom Dank für seine Wohltaten, seine Güte und Treue, sein Führen und Bewahren.

Die Bitte um Vergebung für erkannte Sünde und Schuld schenkt ein Gereinigt- und Heilwerden, ein Aufatmen, führt zum Umdenken, zur Buße und zu neuer Hingabe. Die Bitte und Fürbitte für Menschen, die mir lieb sind und die mir eine Last sind, die sich mir anvertraut haben, kann ich segnend unter den Einfluss des Heiligen Geistes bringen. Kirchen und Gemeinden, Missionswerke und Aktionen, die Verantwortlichen in Politik und Wirtschaft, in Medien, Medizin, Sozial- und Diakoniewesen vor Ort, in unserem Land und in der weiten Welt, Israel, die verfolgte Gemeinde, auch unsere Verantwortung der Schöpfung gegenüber u. v. a. m. haben hier ihren Platz.

❖ Das Fasten hilft zu einer Distanz zu früheren Gewohnheiten. Sie müssen jetzt nicht wieder aufgenommen werden. Es können geheiligte, neue Gewohnheiten eingeübt werden. Es ist wunderbar, wie gerade unter dem Verzicht von Nahrung und jeglicher Ablenkung die Unmittelbarkeit im Verhältnis zu unserem himmlischen Vater zunimmt und Gottes Wort und Geist ganz neu anfangen, uns zur Speise zu werden. Beichte und der Zuspruch der Vergebung machen den Weg frei für ein neues, frohes, vollmächtiges Christsein in *»Wort, Werk und Wesen«!*

❖ In der Stille vor Gott, unter der Einwirkung seines Wortes und Geistes, können über gewissen Bereichen unseres Lebens neue Einsichten gewonnen werden. Der Rückblick auf das eigene Leben im Lichte des Wortes Gottes kann Entwicklungen, Fehleinstellungen, Schuld und Versagen, die geistliches Wachstum, Reifen und Frucht tragen blockieren, deutlich machen. Sie wollen uns dann dazu führen, Seelsorge in Anspruch zu nehmen. Solcher Erkenntnis sollte man sich nicht verschließen. Ihr nachzukommen ist heilsam. Beichte und der Zuspruch der Vergebung machen den Weg frei für ein neues, frohes, vollmächtiges Christsein.

Herr, habe acht auf mich und reiß mich kräftiglich von allen Dingen; denn ein gefaselt Herz kann sich ja himmelwärts durchaus nicht schwingen!

Herr, habe acht auf mich! Schaff, dass mein Herze sich im Grund bekehre! Trifft vom verborgenen Bann dein Aug noch etwas an, Herr, das zerstöre!

Herr, habe acht auf mich! Hast du allmächtiglich den Strick zerrissen, so lass dem Feind zum Trutz mich deinen starken Schutz nun stets genießen!

Herr, habe acht auf mich und lass mich ritterlich den Kampf bestehen, wenn Satan, Sünd und Welt mich stürmend überfällt, nicht untergehen!

Herr, habe acht auf mich! Beim letzten Kampf, wann ich von hinnen scheide, führ mich durch dein Geleit in deine Herrlichkeit zur ewgen Freud.
Johann Ludwig Konrad Allendorf (1693–1773)

Fasten kann in der richtigen Herzenshaltung, der Gesinnung von Jesus, im geistlichen Lebensbereich verschlossene Türen öffnen, neue Horizonte zeigen und zu einer geistlichen Waffe werden, mit der der Widersacher, der Feind Gottes, der Teufel, in die Flucht geschlagen, seine Macht gebrochen wird. Es ist auch eine hilfreiche Gelegenheit, unheilige Gewohnheiten abzubauen und heilige Gewohnheiten einzuüben. Konkret: Beim Fasten geht es darum, dass unsere Gemeinschaft mit Gott von tieferer Liebe geprägt wird. Nicht selten wird bei geistlichem Verhalten nach dem Effekt, dem Ergebnis bzw. Gewinn gefragt. Was habe ich davon, wenn ich …? Was kommt dabei für mich heraus? Mehr Vollmacht? Mehr geistliche Gaben? Mehr Heilungen? Mehr Gebetserhörungen? … Alle diese Überlegungen sind sicher angebracht, können aber leicht zur falschen Motivation werden, wenn es dabei nicht primär um Gott selbst geht, dass sein Name geheiligt wird, sein Reich kommt, sein Wille geschieht. Im Fasten sollen wir Geist, Seele und Leib reinigen, um in unseren Gebeten, besonders in der Anbetung Gottes, völlig frei zu werden von allen irdisch belastenden Einflüssen, Gedanken und Gefühlen, um Gott näherzukommen, ihm mehr Raum in unserem Leben zu geben, offener zu sein für sein Wollen, damit ihm uneingeschränkt die Ehre zukommt.

Darum gehört zum Fasten auch das Gebet, die Bitte und Fürbitte. Sie ist Ausdruck der Selbsthingabe an Gott und darin auch der Selbstverleugnung. Die eigenen Interessen treten zurück (Esther 4,8ff; Lukas 23,34). Sie reicht in Gebiete hinein, in die keine menschliche Macht sonst dringt (Apostelgeschichte 12,5ff; 16,25); sie birgt Überraschungen in sich, die unsere Vorstellungskraft übersteigen, weil Gott über Bitten und Verstehen antwortet (Epheser 3,20); sie hilft beim Fragen nach Gottes Willen und Wegführung und damit Beten im Namen

Jesu (Johannes 14,13; 16,24; Römer 15,30ff; Philipper 1,9ff); sie ist ein Gebrauchsfähiger-gemacht-Werden von Gott für Gott. Der Beter kommt ihm dadurch näher, weil er intensiver mit ihm Kontakt hat; was sich in seinem Gottvertrauen positiv auswirkt (Matthäus 15,22); sie ist ein Ringen, da der Beter an den Entscheidungskämpfen im unsichtbaren Bereich für oder gegen Jesus Christus teilnimmt (Kolosser 4,12; Epheser 6,18ff); sie ist ein Sich-Beugen für den anderen zur doch schließlich gemeinsamen Teilhabe an Gottes Reichtum für beide (Matthäus 18,19; Epheser 3,4ff).

Wir fasten auch, um zu tieferer Sündenerkenntnis zu kommen. Denn es besteht eine Wechselwirkung zwischen Fasten, Sündenerkenntnis, Reue, Buße und Dankbarkeit über das unendliche Erbarmen Gottes in Jesus Christus. Jesus bietet nur Sündern und Kranken Arznei an. Wir müssen also das Sündige in unserer Existenz im Kern all unserer Regungen erkennen und bekennen, um wirklich in eine reifere, tiefere Gemeinschaft mit Jesus zu kommen. Im Fasten fallen die Masken, hinter denen wir uns so oft vor uns selbst und anderen verbergen. Es gehört Mut dazu, seinem eigenen Schatten zu begegnen. Wer will nicht gut vor sich selbst dastehen? Unsere Begierde und unser Eigenwille können uns aber dann nicht mehr täuschen, wenn wir bereit sind, uns so zu sehen, wie wir tatsächlich sind. Durch die klare Selbsterkenntnis, wer und was wir sind, und das Selbstbekenntnis: *»Gott sei mir Sünder gnädig!«* (Lukas 18,13), wird unser Herz zur Demut befreit – was ja letztlich »Diene-Mut« ist! –, sodass die Barmherzigkeit Gottes uns erreichen kann und durch uns andere. Denn dem Demütigen schenkt Gott Gnade (1. Petrus 5,5; Jakobus 4,9). So wird Fasten zu einer konkreten Bußbezeugung vor Gott, zum Ausdruck einer wahren Sinnesänderung, durch welche wir nicht mehr unseren egoistischen Motiven und Begierden, sondern dem Anruf Gottes folgen. Dadurch wird das Fasten zur Hilfe für unsere Heiligung, dass wir von Gott für Gott, durch den Heiligen Geist gebrauchsfähiger gemacht werden. Es gibt Sünden im Denken, Sprechen, Fühlen und Verhalten: problematische Streitereien unter Glaubensgeschwistern, falsche Demut, Temperamentsausbrüche, Stolz, Ehrgeiz, Eifersucht, Klatsch, Rechthaberei usw., die trotz guter Vorsätze, trotz inständiger Gebete nicht bewältigt und zum Guten hin verändert werden. Fasten kann hier Ausdruck der ehrlichen, aufrichtigen Gesinnung sein: Ich meine es ernst und will mit Gottes Hilfe wirklich anders, neu werden. Ich will das nicht nur mit meinen Worten und Vorsätzen versprechen, sondern diese meine Absicht mit der Tat, mit meinem Willen, mit Leib und Seele unterstreichen (5. Mose 8,3.11–14; 1. Samuel 7,6; Esra 8,21; Nehemia 9,1.2).

Fasten dient auch als Zurüstung zum Dienst für Jesus Christus. Dabei geht es um das Erfülltwerden mit dem Heiligen Geist, dass alle Bereiche unseres Lebens unter seine Herrschaft, seinen Einfluss kommen, dass er immer mehr das Sagen hat, unser Tun und Lassen, unser Reden und Schweigen, unser Agieren und Reagieren betreffend, damit wir transparenter werden für die Macht von Jesus Christus und seiner Stärke, seiner Größe, seines Wirkens, seiner Herrlichkeit (Lukas 4,14; Apostelgeschichte. 13,3; 14,23). Fasten kann also nie der Versuch sein, Gott durch eine Art Hungerstreik seinen Segen abzuringen bzw. zu erzwingen, sondern ist Zeichen dafür, dass wir es ernst meinen mit dem, um was wir bitten oder was wir tun bzw. lassen wollen, und dass wir dabei das Ziel verfolgen, Gottes Namen, seine Ehre, groß zu machen und zu verherrlichen.

Fasten ist auch eine Hilfe im Kampf um Befreiung von Bindungen, Zwängen und Mächten. Es gibt Bindungen – z. B. okkulte oder an Suchtmittel wie Nikotin, Alkohol, Drogen, Tabletten, auch Bindungen an Ängste, Eifersucht, Neid oder unreine Gedanken, die durch seelsorge-therapeutische Beratung und Begleitung allein und auch durch aufrichtiges Gebet nicht gelöst werden. In solchen Lebenslagen, in denen wir einzig und allein auf die Hilfe und das Eingreifen von Jesus Christus durch den Heiligen Geist zählen, sollen wir unser Beten mit dem Fasten verbinden. Das Fasten kann hier die Rolle eines Kampfmittels haben, nicht nur für den, der gebunden ist und der frei werden will, sondern auch für den, der im Namen von Jesus Christus helfen will, bzw. für die, die helfen wollen (Matthäus 7,21; Markus 9,29; 16,15-18; Lukas 4,18).

Es sind aber auch kritische Worte, was das Fasten betrifft, angebracht: Fasten und Verzichten sind kein verdienstliches Werk. Gotteskindschaft und Heilsgewissheit können nie dadurch erworben werden. Fasten ist keine

Leistung vor Gott, sodass ich ihn dadurch zu etwas zwingen oder gar etwas von ihm ertrotzen könnte. Auch fastet niemand in der Bibel, um andere Menschen zu etwas zu zwingen (1. Könige 21; Jesaja 58,1–5; Jeremia 14,12; Matthäus 9,14–17; Lukas 18,12). Auch liturgische Regeln und Ordnungen machen das Fasten nicht für Gott annehmbarer, sondern nur meine persönliche Beziehung zu Jesus Christus. Fasten ist zwar kein Allheilmittel für geistliche Nöte, doch können Fasten und Verzichten Hilfen zu einem neuen Lebensstil sein, der Gott gefällt und ihm die Ehre gibt.

Durch das Fasten hat man nicht etwas Machbares in der Hand, mit dem alle Probleme des Lebens, auch nicht des geistlichen Lebens gelöst werden könnten. Es ist keine Methode, um besser, heiliger zu werden. Wer so denkt – das wäre purer Verdienstgedanke –, dessen Motive sind falsch. Es ist auch keine biblische Wahrheit, um die man streitet. Wir handhaben das Gebet, die Bitte, Fürbitte und das Fasten falsch, wenn wir meinen, sie seien ein Instrument, durch das wir bei richtiger Bedienung automatisch das erwartete Resultat erzielen könnten oder je mehr Leute wir veranlassen, für uns bzw. für andere oder eine Sache zu beten, desto schneller werde Gott antworten und unsere Gebete/Wünsche erfüllen.

Wir sollen Gebet und Fasten praktizieren, weil es uns in der Bibel angeboten ist, um im Glauben zu wachsen, zu reifen und Frucht zu tragen! Um inspiriert und motiviert zu werden zu einem Leben, das Gott ehrt und dem Nächsten dient. Darum:

O Gottessohn, du Licht und Leben, o treuer Hirt, Immanuel! Nur dir hab ich mich übergeben, nur dir gehöret Leib und Seel. Ich will mich nicht mehr selber führen, du sollst als Hirte mich regieren; so geh denn mit mir aus und ein. Ach, Herr, erhöre meine Bitten und leite mich auf allen Tritten, ich gehe keinen Schritt allein.

Wenn du mich führst, kann ich nicht gleiten, dein Wort muss ewig feste stehn; du sprichst: «Mein Auge soll dich leiten, mein Angesicht soll vor dir gehn.» Ja, dein Erbarmen, deine Güte umfass allmächtig mein Gemüte! O dass ich nur recht kindlich sei, bei allem zu dir gläubig flehe und stets auf deinen Wink nur sehe, so stehest du mir täglich bei.

Du weißt allein die Friedenswege, auch das, was mir den Frieden stört, drum lass mich meiden alle Stege, wo Welt und Sünde mich versehrt. Ach, dass ich nimmer von dir irrte, noch durch Zerstreuung mich verwirrte, auch nicht durch einen guten Schein! O halte meine Seele feste, hab acht auf mich aufs allerbeste, lehr beten mich und wachsam sein!

Herr, mach mich kindlich, treu und stille, dass ich dir immer folgen kann; nur dein, nur dein vollkommner Wille sei für mich Schranke, Ziel und Bahn. Nichts soll mich ohne dich vergnügen; lass mir nichts mehr am Herzen liegen als deines großen Namens Ruhm! Das sei allein mein Ziel auf Erden, lass mir's durch nichts verrücket werden, denn ich bin ja dein Eigentum.»

Karl Heinrich von Bogatzky (1690–1774)

März

»Auferstehen werd auch ich ...«

Ein Lied von Friedrich Mohn (1762–1845) führt uns in unsere Thematik ein:
Auferstanden, auferstanden ist der Herr, und in ewgen Lichtgewanden der Verklärung wandelt er, und in ewgen Lichtgewanden der Verklärung wandelt er.

Keiner bebe! Der Erhöhte ruft uns zu: Ich war tot und sieh, ich lebe; leben, leben sollst auch du! ...

O ihr Gräber, nein, vor euch erbeb ich nicht, weil des höhern Lebens Gabe euch erhellt mit seinem Licht. ...

Auferstehen, auferstehen werd auch ich und den Auferstandnen sehen, denn er kommt und wecket mich. ...

»*Auferstehen werd auch ich ...*« Über dieses Thema will ich mit Ihnen nachdenken. Ist Ihnen auch schon aufgefallen, wie einerseits geradezu hemmungslos in Wort und Bild über das Sterben in den Medien berichtet wird und andererseits das Thema Tod immer noch ein Tabu-Thema in unserer Gesellschaft ist?!

Ist dies auch ein Spannungsfeld, ein Tabu-Thema in Ihrem Leben? Nicht darüber nachdenken, nicht darüber sprechen? Dabei gehören Fragen wie: Wohin gehe ich, wenn ich einmal sterbe? Gibt es einen Himmel? Gibt es eine Hölle? Gibt es ein ewiges Leben? Wie wird alles einmal sein? Wie sieht meine Zukunft aus? ... zu den wichtigsten Fragen unseres Lebens. Sterben ist Aufgabe des Lebens. Diese Fragen zu lösen, hilft uns die Bibel. Sie hat auf diese Fragen eine durch nichts anderes zu ersetzende, einmalige, einzigartige, klare Antwort. Wir brauchen diese Fragen nicht zu verdrängen, uns auch nicht in Vermutungen, Thesen und Spekulationen ergehen. Jesus sagt eindeutig: »*Ich bin die Auferstehung und das Leben. Wer an mich glaubt, der wird leben, ob er gleich stürbe; und wer da lebt und glaubt an mich, der wird nimmermehr sterben. Glaubst du das?*« (Johannes 11, 25.26). Das ist die entscheidende Frage: »*Glaubst du das?*« Zu diesem Nachdenken anhand der Aussagen der Bibel lade ich Sie ein. Ich will Ihnen biblische Informationen geben, damit Sie sich Ihre eigene Meinung bilden können.

Es macht nachdenklich, dass im Zuge des Zeitgeistes auch in der christlichen Verkündigung kaum noch über Sterben und Tod, Himmel und Hölle, Gericht und Ewigkeit gesprochen wird. Diese Thematik wird weitgehend verdrängt. Viele kümmern sich – im Vergleich zu den Generationen vor uns – wenig oder gar nicht um die Frage, was nach ihrem Sterben kommt. Zwar liest man Illustriertenbeiträge und Bücher, die von besonderen Sterbeerlebnissen berichten, sieht sich Filme, Fernsehberichte und Talk-Shows an, die davon sprechen. Doch das sind meistens Informationen, die nicht – wie die Bibel sagt – weise machen. Die Lektüre der Bibel zu dieser Thematik macht weise. Darum betet bereits der Psalmist (Psalm 90,12): »*Gott, lehre uns bedenken, dass wir sterben müssen, auf dass wir klug werden«*, oder wie diese Bitte auch wiedergegeben wird: »*Mach uns bewusst, wie kurz das Leben ist, damit wir unsre Tage weise nutzen*« (Hoffnung für alle, 2015); »*Lehre uns, unsere Tage zu zählen, damit wir ein weises Herz bekommen*« (Hans Bruns); »*Lass uns erkennen, wie kurz unser Leben ist, damit wir zur Einsicht kommen*« (Gute Nachricht, 2000).

Einer, der uns hilft, in der Thematik Sterben und Tod, Himmel und Hölle, Gericht und Ewigkeit weise zu werden, ist der Apostel Paulus. Er schreibt in seinem 2. Brief an die Korinther, Kapitel 5, den Versen 1–10: »*Das wissen wir: Unser irdischer Leib ist vergänglich; er gleicht einem Zelt, das eines Tages abgebrochen wird. Dann erhalten wir einen neuen Leib, eine Behausung, die nicht von Menschen errichtet ist. Gott hält sie im Himmel für uns bereit, und sie wird ewig bleiben. Voll Verlangen sehnen wir uns danach, den neuen Leib schon jetzt überzuziehen wie ein Gewand, damit wir nicht nackt, sondern bekleidet sind, wenn wir unseren irdischen Körper ablegen müssen. Solange wir in diesem Körper leben, liegt eine schwere Last auf uns. Am liebsten wäre es uns, wenn wir nicht erst sterben müssten, um unseren neuen Körper anziehen zu können. Wir möchten den neuen Körper einfach über den alten ziehen, damit alles Vergängliche vom Leben überwunden wird. Auf dieses neue Leben hat uns Gott vorbereitet, indem er uns als sicheres Pfand dafür schon jetzt seinen Geist gegeben hat. Deshalb sind wir jederzeit zuversichtlich, auch wenn wir in unserem irdischen Leib noch nicht bei Gott zu Hause sind. Unser Leben auf dieser Erde ist dadurch bestimmt, dass wir an ihn glauben, und nicht, dass wir ihn sehen. Aber wir rechnen fest damit und würden am liebsten diesen Leib verlassen, um endlich zu Hause beim Herrn zu sein. Ganz gleich, ob wir nun daheim bei ihm sind oder noch auf dieser Erde leben, wir möchten in jedem Fall tun, was Gott gefällt. Denn einmal werden wir uns alle vor Christus als unserem Richter verantworten müssen. Dann wird jeder das bekommen, was er für sein Tun auf dieser Erde verdient hat, mag es gut oder schlecht gewesen sein«* (Hoffnung für Alle, 2015).

Paulus wird uns zum Berater und Seelsorger. Er gibt uns Teil an seinen Gefühlen und seinen Glaubenserfahrungen, die er mit Jesus Christus gemacht hat und ermutigt uns, zu einer eigenen Meinung, zu eigener Gewissheit aufgrund der Worte Jesu und seiner Worte zu kommen. Er will, dass wir über unseren Horizont hinausschauen, dass wir eine Perspektive gewinnen, die uns ermutigt, unser Leben aufgrund eines sinnvollen Zieles zu gestalten; dass Freude und Zuversicht auf die Ewigkeit in unseren Herzen, in unserem Gott vertrauenden Denken Wurzeln schlagen. Darum schreibt er: Ich glaube Jesus Christus, wenn er feststellt: *»Ich bin die Auferstehung und das Leben. Wer an mich glaubt, der wird leben, ob er gleich stürbe; und wer da lebt und glaubt an mich, der wird nimmermehr sterben. Glaubst du das?«* (Johannes 11,25.26). Darauf kann Paulus mit Gewissheit antworten: Ja, weil *»Christus mein Leben ist, ist Sterben mein Gewinn!«* (Philipper 1,21). Ein starker Satz! Wie kann jemand, was viele als Verlust bezeichnen, Gewinn nennen? Paulus hat sein Leben diesem Jesus anvertraut, ihn liebt er von Herzen, ihm und seinen Worten glaubt er uneingeschränkt. Das bringt Frieden und Zuversicht in sein Herz. So hat er einen festen Halt in dieser Welt, ein hoffnungsvolles Ziel, auf das hin er lebt und das seine Lebensgestaltung prägt und bestimmt. Er glaubt, dass er den Tod – und Tod ist in der Bibel der Begriff für ewige Trennung von Gott, für Gottferne – nie sehen wird.

Ich weiß, dass mein Erlöser lebt, das soll mir niemand nehmen! Er lebt, und was ihm widerstrebt, das muss sich endlich schämen. Er lebt fürwahr, der starke Held, sein Arm, der alle Feinde fällt, hat auch den Tod bezwungen.

Mein Heiland lebt; ob ich nun werd in Todes Staub mich strecken, so wird er mich doch aus der Erd hernachmals auferwecken; er wird mich reißen aus dem Grab und aus dem Lager, da ich hab ein kleines ausgeschlafen.

Ich selber werd in seinem Licht ihn sehen und mich erquicken, mein Auge wird sein Angesicht mit großer Lust erblicken; ich werd ihn sehen, mir zur Freud, und werd ihm dienen ohne Zeit, ich selber und kein Fremder.

Trotz sei nun allem, was mir will mein Herze traurig machen. Wär's noch so mächtig, groß und viel, kann ich doch fröhlich lachen. Und drohen Tod und Hölle noch, Triumph! Triumph! Es bleibet doch Gott, mein Erlöser, leben.
Paul Gerhardt (1607–1676)

Bei den weiteren Überlegungen des Paulus geht es nicht um vage Vermutungen, um Spekulationen, die er uns mitteilt. Er spricht von Gewissheit, persönlicher Überzeugung, lebendiger Hoffnung, begründeter Erwartung und gebraucht dazu zwei Bilder, um unser Gott vertrauendes Denken in dieser Zuversicht zu festigen, dass das Schönste noch vor uns liegt. Er schreibt: »*Wir wissen: Wenn unser irdisches Haus, diese Hütte, abgebrochen wird, so haben wir einen Bau, von Gott erbaut, ein Haus, nicht mit Händen gemacht, das ewig ist im Himmel*« (2. Korinther 5,1). Das von Paulus hier verwendete Wort »wissen« kommt von »vidi« und bedeutet: »Ich habe gesehen.« Es ist ein tiefes Überzeugtsein, eine innere Gewissheit. Wovon ist Paulus überzeugt? Mit einem Bildwort macht er uns deutlich, was er »weiß«. Er sagt: Unser Leben auf dieser Erde ist einem Wanderzelt vergleichbar, wie es die Nomaden im Orient aufschlagen und wieder abbrechen, wenn sie weiterziehen.

Wir können dieses Bild für unsere Tage auch übersetzen mit »*Bruchbude*«. Dieser Hütte auf Abbruch, also unserem Leben auf dieser Erde, dieser Übergangswohnung, stellt er das Leben bei Gott, das feste Haus, das ewige Leben, das nicht mehr abgebrochen wird, gegenüber. Paulus sieht ganz nüchtern der Tatsache ins Auge, dass das Sterben die größte Abbruchfirma dieser Welt ist und die Leiblichkeit, die wir jetzt tragen, einem Beduinenzelt gleicht, das bald wieder abgebrochen wird. Es stimmt, was Georg Thurmair sagt: »*Wir sind nur Gast auf Erden und wandern ohne Ruh mit mancherlei Beschwerden der ew'gen Heimat zu*«, oder wie Graf Lehnsdorf in einem seiner Lieder sagt: »*Wer sicher wohnt, vergisst, dass er auf dem Weg nach Hause ist.*«

Andererseits stimmt aber auch, dass unser jetziger Menschenleib etwas ganz Wunderbares, ja ein Wunderwerk ist. Nach Gottes Willen sind wir die »Krone der Schöpfung« (1. Mose 1,27). David kann sagen: »*Ich danke dir, Gott, dass ich wunderbar gemacht bin*« (Psalm 139,14). Und Paulus hat über diesen unseren Leib das Höchste gesagt, was überhaupt gesagt werden kann: Er ist der Tempel des Heiligen Geistes (1. Korinther 6,19). Wenn wir Jesus das Sagen in unserem Leben gegeben haben, wohnt er durch seinen Geist in unserem Herzen. Der Geist Gottes ist das Angeld auf etwas ganz Neues, das ewige Leben, das wir geschenkt bekommen, im Gegensatz zu diesem Leben, das vergeht. Paulus weist darauf an anderer Stelle hin, wenn er schreibt: »*Es wird gesät verweslich und wird auferstehen unverweslich. Es wird gesät in Niedrigkeit und wird auferstehen in Herrlichkeit. Es wird gesät in Schwachheit und wird auferstehen in Kraft. Es wird gesät ein natürlicher Leib und wird auferstehen ein geistlicher Leib. Gibt es einen natürlichen Leib, so gibt es auch einen geistlichen Leib.*« (1. Korinther 15,42–44). Damit stellt uns Paulus das herrliche Ziel unseres Lebens und Glaubens vor Augen, wenn diese unsere irdische Hütte zerfallen wird: ein neuer Herrlichkeitsleib, frei von allem Weh, allem Schmerz, aller Angst und Sorge. Denn Jesus Christus wird auch unseren Leib, unseren Körper erlösen. Der Theologe Christoph Oetinger sagt es einmal so: »*Neue Leiblichkeit (Körperlichkeit) ist das Ende der Wege Gottes.*« Im Blick darauf kann Paulus aus eigener Betroffenheit sagen: »*Denn unsere Bedrängnis*« –

und er weiß, er hat erlebt, was Bedrängnis und Leiden bedeuten (1. Korinther 11,23–29) – *»die zeitlich und leicht ist, schafft eine ewige und über alle Maßen gewichtige Herrlichkeit«* (2. Korinther 4,17); was Gott für die Seinen bereithält, *»was kein Auge gesehen und kein Ohr gehört hat …«* (1. Korinther 2,9). Beim Darüber-Nachdenken kann man ins Staunen kommen, ja anbetend stille werden, wenn man diese Aussagen auf sich wirken lässt. Das tut uns unendlich gut; ist heilsam für unser Menschsein. Der Heilige Geist, der aus der himmlischen Heimat stammt, hält in uns die Sehnsucht nach dem Himmel lebendig; durch ihn lebt das Heimweh nach der anderen Welt, nach Gottes neuer Welt, in uns. Ob wir da einen Zusammenhang ahnen? Je mehr wir dem Geist Gottes, der Gegenwart von Jesus Christus heute, Raum in uns geben, das heißt seine Worte ernst nehmen und danach leben, desto mehr wird seine Sehnsucht auch unsere Sehnsucht. Uns gilt dann das Wort von Jung-Stilling: *»Selig sind, die Heimweh haben, denn sie werden nach Hause kommen!«*

Paulus gebraucht noch ein zweites Bild, um unsere Hoffnung auf dieses ewige Leben zur Freude und zur Motivation für unseren Weg dorthin werden zu lassen. Er spricht vom entkleidet und vom überkleidet werden. Als die Jünger Jesus nach seiner Auferstehung sahen, bekamen sie eine erste Vorstellung von der neuen Leiblichkeit. Sie ist vollkommen, ohne Makel, ohne Leid und Schmerz, ohne Tränen und Trauer. Ewige Freude, wahre Herrlichkeit, umfassende Freiheit, tiefer Friede werden uns erfüllen und umfangen. Dann wird geschehen, was Jesus verheißt: »*Siehe, ich mache alles neu*« (Offenbarung 21,5). Wir werden nach unserem Sterben nicht sofort diese neue Leiblichkeit anziehen, sondern erst nach dem Endgericht, wenn diese Welt vergeht und Gott einen neuen Himmel und eine neue Erde schaffen wird. Bis dahin gibt es eine Zwischenzeit, einen Zwischenzustand. Das Neue Testament spricht davon, dass alle Menschen nach ihrem Sterben zuerst ins Totenreich, auch Hades genannt, gehen. Da tritt bereits eine erste Scheidung ein. Es werden innerhalb des Totenreiches zwei Orte unterschieden. Der eine Ort wird das Paradies genannt, ein Ort des Friedens, der Freude und der Gottesgemeinschaft; auch der Ausdruck »*Abrahams Schoß*« wird dafür gebraucht. Denken wir an Jesu Worte, als er zum Schächer am Kreuz sagte: »*Heute wirst du mit mir im Paradies sein*« (Lukas 23,43). Der andere Ort ist die Gehenna, die Hölle, ein ruhe- und friedloser Zustand, an dem die Menschen ohne Jesus als ihrem Retter und Erlöser auf ihre endgültige Aburteilung warten. Das veranschaulicht z. B. wieder bildhaft das Gleichnis vom reichen Mann und armen Lazarus (Lukas 16,20ff). Oder denken wir an die Gleichnisse, die Jesus erzählt, die immer wieder so oder ähnlich mit dem Satz enden: »*Werft ihn in die Finsternis, da wird sein Heulen und Zähneklappern*« (Matthäus 5,26; 18,34; 22,13; 24,15; 25,30). Dass der Zwischenzustand kein Schlaf, auch kein Zustand ohne Bewusstsein ist, können wir der Offenbarung entnehmen, wo uns von den Märtyrern berichtet wird, deren

Seelen unter dem Altar sind und die rufen: »*Herr, du Heiliger und Wahrhaftiger, wie lange richtest du nicht ...?*« (6,10). Sie bekommen dann die Antwort, sie sollen sich noch eine kurze Zeit gedulden. Die Märtyrer, die sich in diesem Zwischenzustand zwischen Sterben und Auferstehung befinden – ihre Leiber ruhen ja noch im Grab; nur ihre Persönlichkeit ist im Paradies –, bitten also Gott, er möge die Entwicklung bis zur leiblichen Auferstehung beschleunigen. Wie lange der Zwischenzustand dauert, sagt die Bibel nicht. Zeit ist für die Bibel relativ. So spricht Mose z. B. in dem bereits erwähnten Psalm 90 davon: »*Der du die Menschen lässest sterben und sprichst: Kommt wieder, Menschenkinder! Denn tausend Jahre sind vor dir wie der Tag, der gestern vergangen ist, und wie eine Nachtwache*« (Vers 3.4).

Paulus hoffte, diesen Zwischenzustand, diese Wartezeit nicht erleben zu müssen. Deshalb schreibt er den Philippern aus dem Gefängnis in Rom, sein baldiges Sterben vor Augen: »*Ich habe Lust, aus der Welt zu scheiden und bei Christus zu sein*« (Philipper 1,23). Er rechnet also damit, dass er gleich den Herrlichkeitsleib empfängt. Und es bereitet ihm Not, als er immer mehr erkennen muss, dass er diese Vollendung zu seinen Lebzeiten auf Erden wohl nicht durch die erste Wiederkunft von Jesus Christus und die sich daran anschließende Entrückung erleben wird, sondern dass er durch das Todestal gehen muss. Darum sagt er: »*Denn darum seufzen wir auch und sehnen uns danach, dass wir mit unserer Behausung, die vom Himmel ist, überkleidet werden, weil wir dann bekleidet und nicht nackt befunden werden«* (2. Korinther 5,2.3). Paulus hofft also, das Sterben und damit den Zwischenzustand nicht erleben zu müssen, nicht entkleidet, sondern überkleidet zu werden; über dieses zerfallende Erdenkleid das Herrlichkeitsgewand gleich anziehen zu dürfen. Er kennt also die Angst vor dem Sterben, wenn es um das Ablegen des Kreatürlichen geht, das Vergehen dieses Leibes. Er gesteht sich diese Angst ein und zu und spricht offen darüber. Diese Offenheit ist wohltuend. Denn wie mancher von uns hat auch Angst vor dem Sterben, vor dem Ablegen des alten Kleides. Diese ehrlichen Worte des Paulus sind daher eine seelsorgerliche Hilfe für viele, denen es ähnlich geht wie ihm; die bekennen: Ich habe keine Angst vor dem Tod, aber Angst vor all dem, was mit dem Sterben, dem Kreatürlichen und den damit zusammenhängenden Schmerzen zu tun hat. Trotzdem bzw. gerade deswegen bekundet Paulus: »*Ich bin gewiss, dass weder Tod noch Leben [...] uns scheiden kann von der Liebe Gottes, die in Christus Jesus ist, unsrem Herrn*« (Römer 8,38.39). Das ruft er sich und uns ins Gedächtnis, in unser Gott vertrauendes Denken. »*Und ob ich schon wanderte im finstern Tal, fürchte ich kein Unglück; denn du bist bei mir*« (Psalm 23,4). Finstere Täler können dem an Jesus Christus Glaubenden nichts anhaben. Nichts und niemand wird ihn aus meiner Hand reißen, sagt Jesus Christus, der dem Tode die Macht genommen hat, uns zu (Johannes 10,28). Das glaubt und weiß Paulus. Das nimmt er für sich in Anspruch. Das macht ihn getrost und zuversichtlich. Darum kann er bekennen: »*Denn Christus ist mein Leben und Sterben ist mein Gewinn!*« (Philipper 1,21). Doch er sagt auch: »*So sind wir denn allezeit getrost und wissen: Solange wir im Leibe wohnen, weilen wir fern von dem Herrn; denn wir wandeln im Glauben und nicht im Schauen. Wir sind aber getrost und begehren sehr, den Leib zu verlassen und daheim zu sein bei dem Herrn*« (2. Korinther 5,6–8). Diese Worte zeigen die Spannung auf, in der Paulus lebt: Er hat Sehnsucht, »*bei dem Herrn zu sein allezeit*«, Heimweh; weil es aber noch nicht soweit ist, will er so leben, dass Jesus Freude daran hat, dass ihm seine Lebensgestaltung wohlgefällt.

Es gibt tatsächlich nichts Besseres auf Erden, als sich bewusst für Jesus Christus zu entscheiden, mit Recht und Freude seinen Namen »Christ« zu tragen. Wer dies getan hat, wird den Tod, die Trennung von Gott, nie erleben. Denn Jesus sagt uns zu: »*Wahrlich, wahrlich, ich sage euch: Wer mein Wort hört und glaubt dem, der mich gesandt hat, der hat das ewige Leben und kommt nicht in das Gericht, sondern er ist vom Tode zum Leben hindurchgedrungen*« (Johannes 5,24). »*Wer an ihn glaubt, der wird nicht gerichtet; wer aber nicht glaubt, der ist schon gerichtet, denn er hat nicht geglaubt an den Namen des eingeborenen Sohnes Gottes*« (Johannes 3,18). Der Evangelist Lukas bezeugt: »*Es ist in keinem andern das Heil, auch ist kein andrer Name unter dem Himmel den Menschen gegeben, durch den wir sollen selig werden*« (Apostelgeschichte. 4,12). Das gilt, weil Jesus am Kreuz von Golgatha für unsere Schuld, unsere Rebellion gegen Gott, unsere

Eigenwilligkeit, gestorben ist. Das heißt: Wir sind nicht mehr nur Geschöpfe Gottes, sondern seine Kinder! »*Wie viele ihn aber aufnahmen, denen gab er Macht, Gottes Kinder zu werden: denen, die an seinen Namen glauben*« (Johannes 1,12).

Das neue Sein eines Christen besteht aus einer völlig anderen Leiblichkeit, von deren Herrlichkeit wir uns jetzt noch keine Vorstellung machen können. Wir wissen nur das eine, dass Gott dieses Haus für uns bereitet hat. Jesus spricht ganz eindeutig davon: »*In meines Vaters Hause sind viele Wohnungen. Wenn's nicht so wäre, hätte ich dann zu euch gesagt: Ich gehe hin, euch die Stätte zu bereiten? Und wenn ich hingehe, euch die Stätte zu bereiten, will ich wiederkommen und euch zu mir nehmen, auf dass auch ihr seid, wo ich bin*« (Johannes 14,2.3). Wir leben jetzt in der Phase, in der die Verstorbenen entweder im Paradies sind oder in der Gehenna. Der Verfasser des Hebräerbriefes schreibt im Blick auf die Menschen, die Jesus lieben und noch auf der Erde sind, dass die Wolke von Zeugen (Hebräer 12,1) ihnen zuschaut und darum bangt und hofft, dass sie ja das Ziel ihres Lebens, die ewige Gemeinschaft mit Gott erreichen und nicht vor der Zeit auf der Strecke bleiben und in die Gehenna kommen.

Was geschieht nun auf dieser Etappe, auf der wir uns befinden? Die Bibel spricht davon, dass wir die Zeichen der Zeit beachten sollen: an Sonne, Mond und Sternen; dass den Menschen auf Erden bange sein wird, das Meer und die Wasserwogen brausen, Menschen vor Furcht verschmachten, der Himmel Kräfte sich bewegen werden. Es geht bei diesen Zeichen nicht primär um das Wann, um den Zeitpunkt, sondern um unsere Bereitschaft, Jesu erste Wiederkunft nicht zu verpassen! Denn sie wird überraschend sein; Jesus sagt, dass sie wie ein Dieb in der Nacht hereinbrechen wird (Matthäus 24,43). Jesus holt dann seine Gemeinde von dieser Welt ins Jenseits, ins Paradies (1. Thessalonicher 5,2; Matthäus 24,42–44; Lukas 17,35.36), bevor diese Welt total und endgültig untergeht. Dann geschieht, was Paulus am Ende unseres Textes so schildert: »*Wir müssen alle offenbar werden vor dem Richterstuhl Christi, auf dass ein jeder empfange nach dem, was er getan hat im Leib, es sei gut oder böse*« (2. Korinther 5,10). »Wir«, das sind die, von denen er am Anfang geschrieben hat: »*Wir wissen ...*«, also die an Jesus Christus Glaubenden. Alles, was sie getan und unterlassen haben, ist eingetragen ins Gedächtnis der Ewigkeit. Das ist aber kein Gericht über ewiges Leben und ewigen Tod, über Gerettetsein und Verdammnis. Dieses Gericht hat der an Jesus Christus Glaubende bereits hinter sich. Denn wer sein Leben Jesus anvertraut hat, dessen Kleider sind »*im Blut des Lammes rein gewaschen*«, der ist ein für alle Mal gerettet. Dieser Begriff »*Blut des Lammes*« ist ein Bild für Jesu Sterben an unserer Stelle, für unsere Sünde, unseren Eigenwillen, unser Nicht-Fragen nach Gottes Willen und unser Nicht-Leben nach seinen Geboten (Offenbarung 3,5; Jesaja 53). Beim Preisgericht, bei dem auch die in Jesus Entschlafenen, die jetzt schon im Paradies sind, vor Gott stehen (1. Thessalonicher

4,13–18), geht es dann darum, dass sie ihre Dienste, ihre Aufgaben zugewiesen bekommen – ihren Lohn, wie Jesus einmal im Gleichnis von den anvertrauten Pfunden sagt (Matthäus 25,14–30). Das ist ein Gleichnis, das aufatmen lässt und nicht unter Druck setzt. Es bewirkt keine Angst, sondern ist eine ermutigende Nachricht. Es wird von keinem, der Jesus nachfolgt, mehr verlangt, als was ihm zuvor gegeben wurde. Ein Zentner für einen Zentner, drei Zentner für drei Zentner, fünf Zentner für fünf Zentner. Doch mit dem, was einem anvertraut wurde, soll gewuchert, umgesetzt worden sein, damit es Ertrag gebracht hat. Also nochmals: keine Überforderung, keine Drohung, kein Druck, sondern Ermutigung, mit dem Anvertrauten verantwortlich umzugehen. Im Preisgericht geht es letztlich um eine pädagogische Zurechtbringung derer, die Jesus lieb haben und auch um die Klärung vieler unverstandener Wegführungen, auch um Ausgleich und Gerechtigkeit für erlittenes Unrecht auf Erden. Ein Mensch, der Jesus liebt und sich entschieden hat für ein Leben mit ihm, ist in seinem Zuhause herzlich willkommen. In unserer »*Heimat im Himmel*« – wie Paulus es formuliert (Philipper 3,20) – muss man nichts leisten. Unser Vater im Himmel wartet voll liebevoller Sehnsucht auf die, die an Jesus glauben, d. h. ihm und seinen Worten vertrauen. Und was geschieht mit denen, die nicht an ihn glauben? Nun, wer Jesu Erlösungswerk nicht für sich persönlich angenommen hat – daraus folgt die logische Konsequenz –, der hat auch keinen Teil an seinem Erlösungswerk und dem, was er den Seinen, Gottes Kindern, zugesagt hat. So, wie der natürliche Mensch jetzt als Geschöpf von Gott getrennt lebt, wird er auch dann in Trennung von Gott leben (Johannes 3,16.18). Nur dass ihm dann die Augen aufgegangen sind. Denn Paulus schreibt, dass *»in dem Namen Jesu sich beugen sollen aller derer Knie, die im Himmel und auf Erden und unter der Erde sind, und alle Zungen bekennen sollen, dass Jesus Christus der Herr ist«* (Philipper 2,10.11). Ewiges Leben ist nicht primär zeitlose Zeit, sondern ein Qualitätsbegriff für ein neues Leben, zu dem Gott in Jesus Christus einlädt. Ein Leben ohne Krankheit und Schmerz, ohne Leid und Tränen, ohne Angst, Sorge und Not, ohne Kummer, Krisen und Konflikte – eben ohne Tod, ohne Trennung von Gott (Offenbarung 21,1–5). Ob und welche Möglichkeit es gibt, sich nach dem Sterben noch für Jesus Christus zu entscheiden, darüber macht die Bibel nur vage Andeutungen. Deshalb sollte man seine Entscheidung für Jesus nicht aufschieben. Das Risiko ist zu groß. Hier auf Erden sind wir – um das zu wiederholen – nur Gäste und Fremdlinge. Unser Lebensziel ist die ungetrübte Gemeinschaft mit Gott im Himmel. Dies ist kein Vertrösten auf ein besseres Jenseits, sondern diese Gewissheit ist eine Ermutigung, den Weg dorthin getrost und zuversichtlich unter die Füße zu nehmen.

Ich wünsche Ihnen eine tiefe Sehnsucht, eine lebendige Hoffnung, verbunden mit einer großen Vorfreude auf den Himmel, auf unser Vaterhaus. Paulus ermutigt uns dazu mit den Worten: *»... wir werden beim Herrn* *sein allezeit«* (1. Thessalonicher 4,17b). Diese Botschaft ist wie ein Fanfarenstoß, der den Sieg verkündet. Jesus hat dem Tode die Macht genommen. Gott hat Jesu stellvertretendes Sterben für unsere Sünde angenommen. Nun kann uns Satan, Gottes Widersacher, nichts mehr anhaben, wenn wir im Glauben für uns persönlich in Anspruch nehmen, was Jesus Christus für uns vollbracht hat. Des Paradieses Tür steht wieder offen. Der Cherub steht nicht mehr davor.

Es ist so wesentlich, dass wir diese Sehnsucht nach dem Himmel in uns lebendig halten. Denn sie trägt in sich die Energie, die uns stärkt, den Weg zum ewigen Leben an jedem Tag neu getrost und zuversichtlich unter unsere Füße zu nehmen. Im dankbaren Denken an das, was Gott uns geschenkt hat, wird nicht nur unser Leben sinnvoll und damit reich, sondern wir sind auch für die Menschen, die mit uns auf dem Weg sind, Segensträger. Zum Schluss noch einmal Jesu Ermutigung an uns: *»Wer mein Wort hört und glaubt dem, der mich gesandt hat, der hat das ewige Leben und kommt nicht in das Gericht, sondern er ist vom Tode zum Leben hindurchgedrungen«* (Johannes 5,24). Das gilt jedem, der dieses Angebot für sich persönlich in Anspruch nimmt!

Jesus, meine Zuversicht und mein Heiland, ist im Leben. Dieses weiß ich; sollt ich nicht darum mich zufrieden geben, was die lange Todesnacht mir auch für Gedanken macht.

Jesus, er mein Heiland, lebt; ich werd auch das Leben schauen, sein, wo mein Erlöser schwebt; warum sollte mir denn grauen? Lässet auch ein Haupt sein Glied, welches es nicht nach sich zieht?

Ich bin durch der Hoffnung Band zu genau mit ihm verbunden, meine starke Glaubenshand ist in ihn gelegt befunden, dass mich auch kein Todesbann ewig von ihm trennen kann.

Ich bin Fleisch und muss daher auch einmal zu Asche werden; das gesteh ich, doch wird er mich erwecken aus der Erden, dass ich in der Herrlichkeit um ihn sein mög allezeit.

Seid getrost und hoch erfreut, Jesus trägt euch, seine Glieder! Gebt nicht statt der Traurigkeit: Sterbt ihr, Christus ruft euch wieder, wenn die letzt Posaun erklingt, die auch durch die Gräber dringt.

Otto von Schwerin (1616–1679)

April

Beten – von Herzen mit Gott reden

»*Herr, lehre uns beten*« (Lukas 11,1). Auf diese Bitte seiner Jünger hin hat Jesus sie das ›Vater unser‹ gelehrt: »*Unser Vater im Himmel! Dein Name werde geheiligt. Dein Reich komme. Dein Wille geschehe wie im Himmel so auf Erden. Unser tägliches Brot gib uns heute. Und vergib uns unsere Schuld, wie auch wir vergeben unsern Schuldigern. Und führe uns nicht in Versuchung, sondern erlöse uns von dem Bösen. Denn dein ist das Reich und die Kraft und die Herrlichkeit in Ewigkeit. Amen*« (Matthäus 6,9–13).

Lehre, Herr, mich beten, wecke Herz und Sinn, so vor dich zu treten, dass ich Heil gewinn. Sammle die Gedanken; lass sie hell und rein auf dich ohne Wanken nur gerichtet sein.

Deine Macht und Liebe lass die Seele schau'n. Wecke Ehrfurchtstriebe, Glauben und Vertraun. Gib mir aus der Höhe deinen Heilgen Geist, dass ich stets nur flehe, was du selbst mich heißt.

Fehlt zu meinem Beten Mut und Rede mir, lass ihn mich vertreten kräftiglich vor dir! Lehr mich sanft und stille stets wie Jesus flehn: Vater, nicht mein Wille, dein Will' soll geschehn!
Christian Heinrich Rinck (1770–1846)

Das Gebet ist eine persönliche Gemeinschaft mit Gott. Es beinhaltet – wie wir aus dem ›Vater unser‹ entnehmen können – ganz verschiedene Aspekte. Eingebettet in die Anbetung und den Lobpreis Gottes zu Anfang und am Ende kommt unser alltägliches Leben vor. Dieses Gespräch mit Gott, unserem Vater im Himmel, hat einen besonderen Platz im Leben eines Christen, denn man nennt es auch das »*Atemholen der Seele*«.

Unser Älterwerden bietet eine einzigartige Chance, neue Prioritäten in unserem Tagesablauf zu setzen. Dazu gehört die besondere Möglichkeit, sich für das Gebet, das Gespräch mit Gott und Jesus mehr Zeit als bisher zu nehmen. Was uns in jungen Jahren und in der Mitte des Lebens vielleicht nicht so gelungen ist, jetzt im Älterwerden kann es Wirklichkeit werden: Zeit zum Beten haben!

War vielleicht früher – unbewusst – unser Motto: »*Arbeite* und bete!«, kann jetzt von uns – bewusst! – ein neuer Schwerpunkt gesetzt werden: »Ora et labora!« – »*Bete* und arbeite!« Das Gebet kann einen neuen Stellenwert in unserem Leben bekommen, in der Gewissheit: »*Die Hände, die zum Beten ruhn, die macht er stark, und was der Beter Hände tun, geschieht nach seinem Rat*« (Jochen Klepper, 1903–1942). Welch eine Ermutigung! Welch eine wunderbare Zusage!

Ich stutze immer wieder, wenn ich den Satz höre: »*Da kann man nur noch beten!*« Ich frage mich dann: Soll damit die eigene Hilflosigkeit ausgedrückt werden, nachdem die eigenen Möglichkeiten erschöpft sind und man nicht mehr weiter weiß? Ist das Gebet sozusagen der »letzte

Strohhalm«? Warum kommt man nicht gleich mit Jesus ins Gespräch über das, was einem Not, Angst und Sorgen bereitet? Der von Jesus angebotene Weg ist doch ein anderer: Unser Leben mit Gott basiert wesentlich auf dem Reden mit ihm und dem Hören auf ihn. Gott ist ja nicht nur der Schöpfer und Erhalter unseres Lebens, sondern auch unser Vater im Himmel und will damit auch der entscheidende Gestalter unseres Lebens sein. *Von Herzen mit Gott reden* ist also nicht Schlusspunkt unserer Lebens- und Glaubensfragen, sondern der Doppelpunkt: der Anfang unserer Lebens- und Glaubensgestaltung.

Zum Älterwerden gehört die befreiende Einsicht, dass unsere Hände nicht mehr fortwährend mitmischen müssen. Das heißt nun aber nicht, dass wir sie in den Schoß legen und »Däumchen drehen« sollen. Vielmehr ist es so: Wir können unsere Hände falten zum Gebet. Das Gebet ist die geheimnisvolle und zugleich wunderbare Verbindung mit Jesus, dem nach dem Willen Gottes alle Macht gegeben ist im Himmel *und* auf Erden (Matthäus 28,18). Er lädt uns ein, mit ihm zusammen Reich Gottes in dieser Welt zu bauen (Matthäus 5,13–16; 6,33). Wir setzen durch das Gebet Kräfte des Himmels auf dieser Erde in Bewegung. So gestalten wir Zukunft mit. Nehmen Sie auch diese große Chance der Mitarbeit wahr? Haben Sie ein bewusstes Ja zu dieser Beauftragung? Hier gilt: Wer betet, gestaltet Reich Gottes mit!

Das Gespräch mit Gott, unserem Schöpfer und Vater im Himmel, ist die engste Gemeinschaft, die wir mit ihm haben können. Es ist

❖ unser Reden mit ihm (Psalm 19,15) und sein Reden mit uns (Johannes 10,27);
❖ unser Hören auf ihn (Jesaja 50,4.5) und sein Hören auf uns (Psalm 4,4).

Daraus ergibt sich die Konsequenz: Wenn wir hören, redet Gott! Wenn wir gehorchen, handelt Gott!

Beten heißt: Gemeinschaft mit Gott haben; sich schöpferische Pausen gönnen zum Gedankenaustausch mit Jesus, Gottes Sohn. Wer/was mir wichtig ist, dafür nehme ich mir Zeit von der Zeit, die Gott mir täglich anvertraut (Psalm 31,16)! Hilfreich ist oft ein Platz der Stille im Zuhause, der mich zum Einkehrhalten einlädt. Ein Kreuz, ein Bild, eine Kerze, eine Blume … kann zum Innehalten und Händefalten motivieren. Denn *»nur an einer stillen Stelle legt Gott seinen Anker an!«* (Angelius Silesius). Es braucht oft Zeit, um zur Ruhe zu kommen, seine Sinne zu sammeln, zum Sprechen mit und besonders zum Hören auf Gott. Unsere Lebensgewohnheiten, unser Alltag soll sich um unsere ›stille Zeit‹ ordnen, nicht umgekehrt. Unsere Gebetszeiten wollen einen festen Rhythmus in unserem Tagesablauf haben (Daniel 6,11). Am Morgen, am Mittag, am Abend; selbst in der Nacht, wenn wir wach liegen, kann unser Herz mit Gott ins Gespräch kommen. Wenn wir diesbezüglich keine Ordnung einhalten, wird unser Gebetsleben von all den anderen Aktivitäten unseres Alltags schnell beeinträchtigt. Am Abend hat man sogar tausend Entschuldigungen, warum man wieder nicht zur »stillen Zeit« gekommen ist. Wer seine festen Gebetszeiten vernachlässigt, wird bald nicht mehr regelmäßig beten bzw. nur noch von Stoßseufzern leben. Das aber wirkt sich negativ auf unsere Beziehung zu Jesus und damit auf unsere Lebensgestaltung aus. Man wird in seinen Gedanken und Gefühlen hin- und hergetrieben, wie eine Meereswoge, sagt Jakobus (1,6). Das geistliche Leben verkümmert. Wogegen: Wer seinen Tag von festen Gebetszeiten bestimmen lässt, erlebt, dass es ein davon erfüllter Tag wird. Er bekommt dadurch Inhalt, Richtung und Ziel. Hier gilt: Durch Üben wird man ein Geübter!

Gewiss, es wird noch gebetet, aber viele sind in ihren Gebeten sehr bescheiden geworden. Sie geben sich fälschlicherweise damit zufrieden, wenn alles so läuft wie bisher. Man betet zwar noch um die Kraft, die Verhältnisse zu tragen und zu ertragen. Es kommt einem aber kaum noch in den Sinn, das Gebet als eine Herausforderung des Glaubens dem himmlischen Vater gegenüber zu sehen. So betet man nicht mehr kontra-faktisch. Man bittet nicht mehr um durchgreifende Änderung von Gegebenheiten. Man erwartet damit von Gott letztendlich sehr wenig bzw. nichts. Jakobus stellt daher in seinem Brief fest: »*Ihr habt nichts, weil ihr nicht bittet*« (4,2). Darum ermutigt uns Jesus: »*Bittet, so wird euch gegeben; suchet, so werdet ihr finden; klopfet an, so wird euch aufgetan. Denn wer da bittet, der empfängt; und wer da sucht, der findet; und wer da anklopft, dem wird aufgetan*« (Matthäus 7,7.8; 6,6-13; Johannes 15,7.8; 16,23.24). Das heißt doch: Wir sind eingeladen zu nehmen, zu empfangen! Nun darf man diese Zusagen aber nicht falsch verstehen, als sei Gott unser Wunscherfüller. Dem ist nicht so. Aber es gilt: »Gott gibt denen das Beste, die ihm die Wahl lassen, weil sie ihn lieb haben« (nach Römer 8,28). Bei Gott gilt: «Er hört = erhört!«, weil er gute Gedanken über unserem Leben hat.

Die Gewissheit, dass Gott jederzeit und überall für uns zu sprechen ist, gibt Zuversicht und Geborgenheit ins Gott vertrauende Denken; zu wissen: »*Er ist nur ein Gebet weit von uns weg.*« Und doch, so lehren uns die Beter der Bibel und so zeigt es die Erfahrung, ist eine Ordnung im Gebetsleben eine Hilfe für geistliches Wachsen, Reifen und Fruchttragen. Auch ein Gebetbuch mit regelmäßigen Eintragungen kann zur Bereicherung unserer Gottesbeziehung beitragen. Es hilft, all das Gute nicht zu vergessen, das wir von Gott empfangen haben (Psalm 103,2). Damit wird die Erinnerung heilsam wachgehalten; sie motiviert uns für die Zukunft! Es gibt Elemente, die haben in jedem Gebetsleben ihren Platz. Ein gutes Beispiel dafür ist das bereits erwähnte ›Vater Unser‹, das Jesus uns lehrt. Unser Alltagsleben ist darin eingebettet in Gottes eigene Anliegen und seine Anbetung.

Hier ein paar Anmerkungen zum Inhalt unseres Gebetslebens:

❖ *Unsere Anbetung Gottes.* Sie will uns helfen, über Gottes Wesen und seine Eigenschaften nachzudenken (Psalm 103; Johannes 4,23; Offenbarung 4,11). Das Mitbeten von Gesangbuchliedern kann unserer Anbetung Worte geben. Denken Sie täglich über fünf andere Eigenschaften Gottes nach und schreiben Sie dieselben auf! Das hilft Ihnen zur Ehrfurcht vor Gott. Und die ist ganz eng verbunden mit Ihrer Liebe zu ihm.

❖ *Unser Lobpreis Gottes* ist ein weiterer Aspekt. Gott will gelobt sein um seiner selbst willen, weil Gott Gott ist (Psalm 103) und mit uns Gemeinschaft haben will. Das Loben Gottes führt uns weg vom Drehen um uns selbst, wie es Gerhard Tersteegen in seinem Lied: »*Ich bete an die Macht der Liebe, die sich in Jesus offenbart ...*« formuliert hat: »*Ich will, anstatt an mich zu denken, ins Meer der Liebe mich versenken.*« Was sind Ihre Gründe, Gott zu loben, ihn anzubeten? Notieren Sie diese!

❖ *Unser Dank an Gott* (Jakobus 1,17; Lukas 17,11–19) ist die Anerkennung unserer totalen Abhängigkeit von ihm und er bewahrt uns davor, seine Wohltaten für selbstverständlich zu nehmen. Dabei geht es nicht darum, ob wir uns dankbar fühlen, sondern dass wir darüber nachdenken, wofür wir Grund zum Danken haben. Schreiben Sie täglich zehn verschiedene Gründe zum Danken auf. Dann haben Sie am Ende einer Woche 70 Gründe!

❖ *Unsere Bitten an Gott* sind ein weiterer Aspekt. Mit allem, was wir auf dem Herzen haben, dürfen wir im Namen Jesu zu Gott, unserem Vater, kommen (Philipper 4,6; Johannes 14,13) und das in Erwartung seiner Antworten, seiner Hilfe, seiner Führung. Notieren Sie Ihre persönlichen Bitten mit Datum, um festzuhalten, wann und wie Gott Ihnen geantwortet hat.

❖ *Unsere Buße,* das Umdenken und Neudenken, das Umkehren und Heimkehren eröffnet neue Glaubens- und Lebensperspektiven (Psalm 32; Lukas 15; Römer

12,2). Schleppen Sie keine Altlasten weiter mit sich! Haben Sie Mut zur Beichte, damit Vergebung Realität in Ihrem Leben und damit Ihre weitere Wegstrecke der himmlischen Heimat entgegen leichter, freier, froher und zuversichtlicher wird!

❖ Unsere *Fürbitte* – ihr Wesen ist das der Entlastung und Stellvertretung (Galater 6,2). Für andere zu beten ist zusammen mit unserem sozial-diakonischen und seelsorge-therapeutischen Dasein für andere der wirkungsvollste und praktischste Weg, unsere Liebe Gestalt annehmen zu lassen (2. Korinther 1,8-11; 1. Timotheus 2,1). Gerade für den älter gewordenen Menschen, der sich oft am Gemeindeleben nur noch wenig oder gar nicht mehr beteiligen kann, eröffnet sich damit ein ganz umfassender Bereich der konstruktiven Mitarbeit beim Bau des Reiches Gottes.

Auch wenn Sie täglich alles ganz spontan, was Sie auf dem Herzen haben, im Gebet vor Gott bringen, z. B. den ganz persönliche Bereich der Familie und der Ihnen nahe stehenden Menschen oder die Anliegen, die für Sie wichtig und aktuell sind, zeigt die Erfahrung, dass es hilfreich und sinnvoll ist, die grundsätzlichen Fürbitteanliegen auf verschiedene Tage zu verteilen, damit Sie ausgiebig, in Ruhe und Hingabe mit Jesus im Gespräch darüber sein können.

Hier ein paar Anregungen aus der Fülle der Gebetsanliegen:

❖ Das Gemeindeleben mit seinen verschiedensten Aktivitäten, sowie die Mitarbeiter. Informationen dazu gibt es im Gemeindebrief bzw. können im Gemeindebüro bzw. beim Pfarrer, beim Pastor erfragt werden.

❖ Die Kranken, Betagten, Traurigen und Angefochtenen in der Gemeinde und im eigenen Umfeld. Eine Telefonkette kann Informationen weitergeben – keine »Hast-du-schon-gehört-Kette«!, sondern eine Gebetskette.
❖ Menschen, die noch keine Entscheidung für Jesus Christus getroffen haben, Jesus anbefehlen, dass er ihnen in seiner Liebe und Barmherzigkeit begegnet und sie in seine Gemeinschaft zieht.
❖ Die sozial-diakonischen und seelsorge-therapeutischen Aktivitäten der Gemeinde (Besuchsdienste, Essenstafel, Hausaufgabenbetreuung, Arbeit mit Migranten, Helfen in einer Familie ...).
❖ Die diakonischen und sozialen Einrichtungen (Freizeiten- und Ferienhäuser, Krankenhäuser, Kliniken, Altenzentren, Reha-Zentren ...).
❖ Die evangelistischen Aktionen, (Evangelisationen, ERF-Medien, Bibel-TV, Freizeiten, Seminare, Konzerte ...)
❖ Die Einrichtungen der Arbeitsgemeinschaft christlicher Lebenszentren; (ACL-Häuser der Arbeitsgemeinschaft Christlicher Lebenshilfen, Blaues Kreuz; Weißes Kreuz; Aids-Hilfe ...)
❖ Die ökumenischen Beziehungen vor Ort.
❖ Christen in Politik und Medien, Gesundheitswesen und Bildung.
❖ Das Weltgeschehen. Hier geben Tageszeitung und Nachrichten in Radio und Fernsehen viele Anliegen.

Legen Sie eine Fürbitteliste an. Damit strukturieren Sie Ihr Gebetsleben. Sie werden Erstaunliches erleben, wenn Sie Platz zum Eintragen Ihrer Erfahrungen lassen!

Hilft beten? Diese Frage wird immer wieder gestellt; oft von Menschen in Not, wenn Kummer, Krisen und Konflikte ihnen zu schaffen machen; Sorgen, Ängste, schwere Wegführungen, Krankheit und Alter die Lebensqualität schmälern. Es bringt nichts, in solchen Situationen zu fragen, ob beten hilft. Darüber zu diskutieren, hilft noch viel weniger. Was wirklich hilft, ist: beten! Man muss es tun! Mit Gott im Gespräch sein; mit Jesus sprechen! Dann erlebt man, dass das Gebet das Element unseres Lebens ist, das Frieden und Freude, Geborgenheit und Zuversicht, Halt und Hoffnung vermittelt. Man erlebt es aber nur, wenn man es tut – und dazu ermutige ich Sie ganz herzlich!

Welch ein Freund ist unser Jesus, o wie hoch ist er erhöht! Er hat uns mit Gott versöhnet und vertritt uns im Gebet. Wer mag sagen und ermessen, wieviel Heil verloren geht, wenn wir nicht zu ihm uns wenden und ihn suchen im Gebet.

Wenn des Feindes Macht uns drohet und der Sturm rings um uns weht, brauchen wir uns nicht zu fürchten, stehn wir gläubig im Gebet; da erweist sich Jesu Treue, wie er uns zur Seite steht als ein mächtiger Erretter, der erhört ein ernst Gebet.

Sind mit Sorgen wir beladen, sei es frühe oder spät, hilft uns sicher unser Jesus, fliehn zu ihm wir im Gebet. Sind von Freunden wir verlassen, und wir gehen ins Gebet, o so ist uns Jesus alles: König, Priester und Prophet.«
Josef Scriven (1820–1886); deutsch: Ernst Gebhardt (1832–1899)

Es gibt in meinem Leben einen erprobten seelsorgerlichen Leitsatz für den Umgang mit Kummer, Krisen und Konflikten. Er lautet: »*Erst denken und beten, dann planen und handeln.*« Indem ich mit Jesus, Gottes Sohn, der uns das ›Vater unser‹ gelehrt hat, über das spreche, was mich bewegt, bringe ich zum Ausdruck: »Herr Jesus, dir gehört mein ganzes Vertrauen. Zwar habe ich meine Vorstellungen, wie mir geholfen werden könnte, aber ich vertraue dir, dass du meine Sache zu der deinen machst. Du hast den Überblick, der mir fehlt. Du weißt auch, was letztendlich wirklich gut für mich ist. Ich sehe oft nur das Vordergründige. Doch du siehst weiter. Und dabei hast du gute Gedanken über meinem Leben. Mache mich ruhig, getrost, gelassen, zuversichtlich. Ich gebe meine Angelegenheit in deine guten Hände. Danke, dass du mir hilfst.«

Mit diesem Gott vertrauenden Denken begebe ich mich auf den Weg derer, die mit Gott, unserem Vater im Himmel, gute Erfahrungen gemacht haben, weil sie ihm uneingeschränkt vertraut haben. Sie haben dadurch erlebt, dass auf ihn Verlass ist. In Liedern haben sie es oft zum Ausdruck gebracht. Zu ihnen gehört z. B. Paul Gerhardt (1607–1676), der Psalmist der Christenheit. Von ihm können wir lernen, wenn er uns ermutigt:

Befiehl du deine Wege und was dein Herze kränkt, der allertreusten Pflege des, der den Himmel lenkt. Der Wolken, Luft und Winden gibt Wege, Lauf und Bahn, der wird auch Wege finden, da dein Fuß gehen kann.

Dem Herren musst du trauen, wenn dir's soll wohlergehn. Auf sein Werk musst du schauen, wenn dein Werk soll bestehn. Mit Sorgen und mit Grämen und mit selbsteigner Pein lässt Gott sich gar nichts nehmen. Es muss erbeten sein.

Ein paar Impulse zu meinem Leitsatz: »*Erst denken und beten, dann planen und handeln.*« Erst denken, dann beten! Das ist die Reihenfolge. Denken, das heißt hier: mir bewusst machen, dass Gott für mich ist! Ich kann und will mit ihm rechnen, wenn ich ihn durch mein Gebet in meine Überlegungen einbeziehe. Ich gehe davon aus, dass der Heilige Geist, die Gegenwart von Jesus Christus mich heute inspiriert, mir eine seiner »*viel Tausend Weisen*« offenbart, wie er mir helfen will. Denn mein ihm vertrauendes Denken bedarf seiner Erleuchtung, dass mir ein Licht aufgeht, um die nächsten Schritte zu sehen; zu erkennen, welche Entscheidungen ich zu treffen oder wo ich mich in Geduld zu üben habe. Diese personale Beziehung zu Jesus Christus, meinem Heiland und Herrn, meinem Berater und Führer, ist unersetzbar. Daraus entwickelt sich eine Lebens- und Glaubenshaltung, eine Gesinnung, die spricht: Ich bin davon überzeugt, Gott hört mein Gebet und er erhört es, wenn es für mein Leben bzw. das anderer oder die Gegebenheiten, für die ich bete, gut und damit hilfreich ist. Eine solche Gewissheit macht getrost und zuversichtlich, hoffnungsvoll und erwartungsvoll. Der weise Salomo ermutigt uns dazu mit den Worten: »*Verlass dich auf den Herrn von ganzem Herzen, und verlass dich nicht auf deinen Verstand, sondern gedenke an ihn in allen deinen*

Wegen, so wird er dich recht führen« (Sprüche 3,5.6).

Ein paar Gedanken zum dritten Schritt: dem *Planen*. Zuerst wird der Ist-Zustand festgestellt, also eine Bestandsaufnahme gemacht. Dann ist zu überlegen: Welche Möglichkeiten gibt es zu Veränderungen? Auch Alternativen gilt es zu durchdenken und dabei immer im Blick behalten, dass Gottes Name geheiligt, sein Reich gebaut werde und sein Wille wirklich geschehe. Es kann hilfreich sein, in die Entscheidungen Menschen unseres Vertrauens mit einzubeziehen. Das sollen dann aber solche sein, die nicht von vornherein alles gut heißen, was ich denke und plane, sondern die mich aus Liebe kritisch begleiten, mein Planen hinterfragen, zum Beispiel die Motive hinter meinen Entscheidungen, eingedenk der Worte des weisen Salomo: *»Der Mensch macht viele Pläne, aber es geschieht, was der Herr will«* (Sprüche 19,21; Hoffnung für Alle, 2015). Oft erlebe ich, dass gerade dadurch die wegweisende Pädagogik Jesu Christi zur Geltung kommt. Denn, *»wen der Herr lieb hat, den weist er zurecht«* (Hebräer 12,6). Bevor ich dann das Ergebnis umsetze, bespreche ich es immer erst noch im Gebet mit Jesus. Ich erbitte mir dann Weisheit von ihm durch das Wirken des Heiligen Geistes, damit ich wirklich erkenne, wie ich jetzt zu entscheiden und zu handeln habe. Und dann gilt es, das Erkannte umzusetzen.

Der vierte, abschließende Schritt, der auf Denken, Beten und Planen folgt, ist das *Handeln*. Wenn unsere Motive rein sind, werden wir nicht in die Irre gehen. Wir sind – soweit wir das prüfen können – in Übereinstimmung mit unserem Herrn Jesus Christus und seinem Willen. Und wenn unsere Entscheidung dann trotzdem falsch sein sollte, wird uns Jesus keinen Strick daraus drehen. Es gibt Lebenslagen, da können wir mit unserer Entscheidung nicht mehr länger warten; wir müssen uns entscheiden und handeln. Dann sollen wir Jesus offenherzig sagen: »Herr, bitte mach mir eine eventuelle Fehlentscheidung bald klar, damit ich möglichst wenig Schaden anrichte.« Diese Ehrlichkeit im Gespräch mit Jesus vermittelt eine wunderbare Geborgenheit, aus der die notwendige Gelassenheit kommt, um in Ruhe zu handeln. Wir haben Jesus von Anfang an in die Angelegenheit mit einbezogen. Jetzt können wir die Erfahrung machen, dass Beten ein ganz aktives Handeln ist. Ein solches Wagnis des Glaubens stärkt immer unser Gott vertrauendes Denken. Und wenn etwas dann doch anders läuft als gedacht und erwartet, wird Jesus uns nicht im Stich lassen. Er bleibt unser Helfer und Führer, unser Heiland und Herr! Darum nochmals der weise Salomo: *»Befiehl dem Herrn deine Werke, so wird dein Vorhaben gelingen«* (Sprüche 16,3).

An dieser Stelle will ich noch auf eine Formulierung kurz eingehen, die mir immer wieder im Zusammenhang mit dem Gebet begegnet und die bedacht sein will, um nicht im Gebetsleben irritiert zu werden. Diese Formulierung beruht auf dem Bibelwort aus dem Johannes-Evangelium (14,13). Dort lesen wir, dass Jesu sagt: *»Um was ihr bitten werdet in meinem Namen, das will ich tun, auf dass der Vater verherrlicht werde im Sohn.«*

Im Namen Jesu beten meint nicht, dass wenn wir unser Gebet mit dieser Formulierung beenden: »Das bitten wir im Namen Jesu«, dass sich dann unsere Bitten nach unseren Vorstellungen erfüllen. Das ist ein Wunschdenken und zieht Enttäuschungen nach sich. Diese Formulierung »das bitten wir im Namen Jesu« ist das aufrichtige Verlangen, dass durch unser Gebet Gottes Name geheiligt, sein Reich gebaut werde und sein Wille geschehe. Es kann also passieren, dass wenn wir uns nach einer Gebetserhörung, einem Zeichen Gottes sehnen, uns gerade Leid und Leiden zuteilwerden. Vielleicht denken Sie jetzt: Leid und Leiden als Zeichen Gottes? Das kann doch nicht sein? Ich kenne diese Gedanken aus eigner Betroffenheit. Um damit zurechtzukommen, können uns Erfahrungen anderer helfen, wie z. B. die des Liederdichters Karl Friedrich Hartmann (1743–1815). Sein Lied wurde von Albert Knapp (1798–1864) überarbeitet:

Endlich bricht der heiße Tiegel und der Glaub empfängt sein Siegel als im Feur bewährtes Gold, da der Herr durch tiefe Leiden uns hier zu den hohen Freuden jener Welt bereiten wollt.

Unter Leiden prägt der Meister in die Herzen, in die Geister sein allgeltend Bildnis ein. Wie er dieses Leibes Töpfer, will er auch des künftgen Schöpfer auf dem Weg der Leiden sein.

Leiden macht das Wort verständlich, Leiden macht in allem gründlich; Leiden, wer ist deiner wert? Hier heißt man dich eine Bürde, droben bist du eine Würde, die nicht jedem widerfährt.

Jesu, lass zu jenen Höhen heller stets hinauf uns sehen, bis die letzte Stunde schlägt, da auch uns nach treuem Ringen heim zu dir auf lichten Schwingen eine Schar der Engel trägt.

Ein anderer Satz – Sie kennen ihn gewiss auch –, den man oft zu hören bekommt, heißt: »*Not lehrt beten!*« Es stimmt! Wie mancher fängt leider erst an zu beten, wenn ihm «das Wasser bis zum Hals steht«. Welche Erfahrungen mit Gott, die sein Leben bereichern und damit sinnvoll machen, könnte er jedoch machen, wenn er »*allezeit*« (Kolosser 1,3), also in guten wie in bösen Tagen, im Gespräch mit Gott wäre und nicht erst, wenn Not und Bedrängnis, Angst und Sorgen eingetreten sind. Gerade dieses »*betet ohne Unterlass*« (1. Thessalonicher 5,17) vertieft unsere Beziehung zu Gott. Denn wenn die Kommunikation, das Gespräch weniger wird, leidet jede Beziehung. Wird sie dagegen gepflegt – es ist nie zu spät, mit ihr zu beginnen! –, trägt sie auch dann, wenn Prüfungen und Bewährungen kommen, sei es durch eigene Schuld oder unverstandene Wegführungen.

Bei diesen Wegführungen kommen oft uralte Fragen in uns auf: »*Wie kann Gott das zulassen? Mein Gott, mein Gott, warum?*« (Psalm 22,2; Matthäus 27,46). Ich kenne diese Fragen auch. Man sollte nicht vorschnell eine Antwort darauf geben. Weder mit dem Hinweis »*Frag wozu?*« noch mit der Bemerkung »*Gott hat es zugelassen*«. Wenn wir Wege geführt werden, die wir nicht verstehen oder einem Geschehen gegenüberstehen, das wir nicht begreifen, werden wir zunächst das Stillhalten und Schweigen lernen müssen. Jedoch nicht als Ausdruck eines Schicksalsglaubens – »*Ich muss mich eben dreinfügen*« –, sondern als aufrichtige Frage an unseren Gott, der allein zu antworten vermag: »*Mein Gott, mein Gott, warum ...?*« Schweigend wollen wir überlegen, ob das auch jetzt noch für uns gilt: »*Mein Gott!*«; oder ob das »*mein*« nur leeres Gerede ist?! In solchen Krisen wird nicht Gott gefragt. Ich, der ich frage, werde infrage gestellt. Denn wer Gott zur Rechenschaft ziehen will, ist an der falschen Adresse. »*Lieber Mensch, wer bist du denn, dass du mit Gott rechten willst?*« (Römer 9,20). Gott hat es nicht nötig, sich vor uns zu rechtfertigen. Gott ist Gott! Er ist der Heilige, der souverän Handelnde. Er zieht die Fäden im Kleinen und im Großen. Er ist der Letztverantwortliche, auch wenn wir es nicht begreifen. »*Geschieht etwa ein Unglück in der Stadt und der Herr hat es nicht getan?*« (Amos 3,6). Gott schaut nicht teilnahmslos zu. Er gibt die Gesamtverantwortung nicht ab. Wir mögen das nicht begreifen. Doch wenn wir es anerkennen, ist damit dem sinnlosen und ziellosen Fragen, Grübeln und Klagen ein Ende gesetzt. Es geschieht nichts, was geschieht, ohne den Willen Gottes!

Ist das nun tatsächlich eine Antwort auf all das Leid und das Schreckliche, Unbegreifliche, das mir und anderen widerfährt? Wird es durch dieses Wissen erträglicher? Man soll auch darauf wieder nicht vorschnell antworten, weder mit einem Ja noch mit einem Nein. Die Frage führt den Leidenden in die Sinnkrise seines Lebens. Einem Menschen dann zu sagen: »Nimm's aus Gottes Hand« ist – zunächst wenigstens – kein Trost. Zu stark bohren die Fragen: *Warum ich? Warum jetzt? Wozu das alles? Was soll's?* Die Fragen werden dadurch erst recht schmerzhaft. Die Sinnkrise wird radikal verschärft. Doch deutet eine Krise immer eine Wende an. Der Mensch kann sich in seinem Denken und Vertrauen Gott gegenüber verschließen und ganz von ihm abwenden. Aber auch der andere Weg steht ihm offen: die Gewissheit, dass er es bei allem, auch bei Leid und Leiden, Schmerz und Schwierigkeiten, unverstandenen Wegführungen und Enttäuschungen mit *»seinem Gott«* zu tun hat. Dass er kein Spielball eines blinden Schicksals und dunkler Mächte ist, sondern dass er immer in Gottes Hand geborgen bleibt. *»In Freud und Leid, in Glück und Not bist du mein Herr, bleibst du mein Gott. Bis du mich führst zum Schauen«* (August Rückert, 1871–1952). Immer wieder, wenn wir dazu ein Ja finden, reift die Antwort auf die Frage *»Mein Gott, mein Gott, warum?«* in uns heran. Wir haben dann die einzigartige Chance, in unserem Angefochten- und Geprüftsein zu erfahren, dass Gott der Herr in allen Lebenslagen ist und bleibt. So ist bei ihm Leiden eine tiefe Realität, aber nicht die letzte, denn sie ist eine Einladung, dass unser Vertrauen zu ihm wächst und reift. Daraus werden Friede und Geborgenheit, neue Zuversicht und Hoffnung geboren, die sprechen: »Herr, ich verstehe dich nicht, aber ich vertraue dir!« So bekommen Leid und Leiden, Anfechtung und Prüfung ihren Eigenwert, weil wir darin die Erfahrung der Treue unseres Gottes in einer Tiefe machen, wie wir sie sonst nirgends erleben. Unser Leben und Glauben wird dadurch keineswegs ärmer, sondern profilierter. Bewährt, gestärkt und gehalten von Gott gehen wir unseren Weg, trotz aller rätselhafter Wegführungen, getrost und zuversichtlich dem Ziel, der ungetrübten Gemeinschaft mit ihm im Himmel, entgegen. Diese Zuversicht – bei allen unverstandenen Wegen – wünsche ich auch Ihnen von Herzen.

Dein ewge Treu und Gnade, o Vater, weiß und sieht, was gut sei oder schade dem sterblichen Geblüt. Und was du dann erlesen, das treibst du, starker Held, und bringst zu Stand und Wesen, was deinem Rat gefällt.

Weg hast du allerwegen, an Mitteln fehlt dir's nicht. Dein Tun ist lauter Segen, dein Gang ist lauter Licht. Dein Werk kann niemand hindern, dein Arbeit darf nicht ruhn, wenn du, was deinen Kindern erspießlich ist, willst tun.

Und ob gleich alle Teufel hier wollten widerstehn, so wird doch ohne Zweifel Gott nicht zurücke gehn. Was er sich vorgenommen und was er haben will, das muss doch endlich kommen zu seinem Zweck und Ziel.

Hoff, o du arme Seele, hoff und sei unverzagt, Gott wird dich aus der Höhle, da dich der Kummer plagt, mit großen Gnaden rücken, erwarte nur die Zeit, so wirst du schon erblicken die Sonn der schönsten Freud.

Auf, auf, gib deinem Schmerze und Sorgen gute Nacht! Lass fahren, was das Herze betrübt und traurig macht. Bist du doch nicht Regente, der alles führen soll: Gott sitzt im Regimente und führt alles wohl.

Paul Gerhardt (1607–1676)

Mai

Ein neues Herz – ein neuer Geist –
eine neue Gesinnung – ein neues Leben

Pfingsten – Gott macht uns ein Angebot: »*Ich will euch ein neues Herz und einen neuen Geist geben. Ja, ich nehme das versteinerte Herz aus eurer Brust und gebe euch ein lebendiges Herz. Mit meinem Geist erfülle ich euch, damit ihr nach meinen Weisungen lebt, meine Gebote achtet und sie befolgt*« (Hesekiel 36,26.27; Hoffnung für Alle, 2015).

Paulus formuliert diese Tatsache so: »*Gehört also jemand zu Christus, dann ist er ein neuer Mensch. Was vorher war, ist vergangen, etwas völlig Neues hat begonnen. All dies verdanken wir Gott, der uns durch Christus mit sich selbst versöhnt hat. Er hat uns beauftragt, diese Botschaft überall zu verkünden. Und so lautet sie: Gott ist durch Christus selbst in diese Welt gekommen und hat Frieden mit ihr geschlossen, indem er den Menschen ihre Sünden nicht länger anrechnet. Gott hat uns dazu bestimmt, diese Botschaft der Versöhnung in der ganzen Welt zu verbreiten. Als Botschafter von Christus fordern wir euch deshalb im Namen Gottes auf: Lasst euch mit Gott versöhnen! Wir bitten euch darum im Auftrag von Christus. Denn Gott hat Christus, der ohne jede Sünde war, mit all unserer Schuld beladen und verurteilt, damit wir freigesprochen sind und vor ihm bestehen können*« (2. Korinther 5,17–21; Hoffnung für Alle, 2015).

»Ist jemand in Christus, so ist er eine neue Kreatur; das Alte ist vergangen, siehe, Neues ist geworden« (2. Korinther 5,17). Wenn alles neu geworden ist, warum macht uns dann unser alter Mensch immer noch so zu schaffen? Warum leben wir das neue Leben oftmals so kümmerlich? Warum bestimmen immer noch Gedanken, Gefühle, Worte und Taten des alten Ichs das neue Leben? Kennen Sie diese Fragen auch? Setzen Sie sich auch mit ihnen auseinander? Sprechen Sie aufrichtig mit Menschen Ihres Vertrauens über diesen Kampf in Ihrem Leben? Oder machen Ihnen diese Fragen nicht zu schaffen? Wie gehen Sie mit ihnen um? Verdrängen, ignorieren, sie nicht zur Kenntnis nehmen, nicht wahrhaben wollen? So tun, als ob sie Sie nichts angehen?

Als Menschen, die Jesus lieb haben und ihm nachfolgen wollen, wäre es fatal, einfach über diese Fragen hinwegzugehen. Wer dies tut, untergräbt selbst sein Gott vertrauendes Denken, seinen Glauben, seine Liebe zu Jesus. Er gefährdet damit selbst sein Christsein. Sein Leben bleibt freudlos, fade, sieglos, harmlos, langweilig, ohne neue Erfahrungen mit Jesus; ohne Ausstrahlung und daher auch ohne Anziehung.

Der Apostel Paulus kennt dieses Spannungsfeld aus eigener Erfahrung. Doch er war von dem Verlangen erfüllt, nicht der scheinbaren Harmlosigkeit seines Christseins zu verfallen. Daher hat er sich mit diesem Zwiespalt nicht zufrieden gegeben. An die Gemeinde in Rom schrieb er über sein altes Leben: *»Ich mache ständig dieselbe Erfahrung: Das Gute will ich tun, aber ich* *tue unausweichlich das Böse. Ich stimme Gottes Gesetz aus tiefster Überzeugung und mit Freude zu. Dennoch handle ich nach einem anderen Gesetz, das in mir wohnt. Dieses Gesetz kämpft gegen das, was ich innerlich als richtig erkannt habe, und macht mich zu seinem Gefangenen. Es ist das Gesetz der Sünde, das mein Handeln bestimmt. Ich unglückseliger Mensch! Wer wird mich jemals aus dieser tödlichen Gefangenschaft befreien?«* (Römer 7,21–24).

Paulus entfaltet dann aufgrund dieser eigenen Betroffenheit in seinen Briefen an die neutestamentlichen Gemeinden, wie sich das neue Leben, das Gottes Wort und Heiliger Geist gezeugt haben, konkret entfalten und leben lässt. Er ermutigt: »Sei, der du jetzt bist! Du bist Christ, du trägst den Namen deines Heilandes und Herrn Jesus Christus; sein Geist lebt in dir! Nun lebe als Christ! Halte den alten Menschen für tot. Pflege dieses Gott vertrauende Denken in deinem Herzen. Denn wie du durch den Heiligen Geist beeinflusst wirst, so denkst und lebst du!« Er unterstreicht diese Ermutigung mit den Worten: »*Unser früheres Leben endete mit Christus am Kreuz. Unser von der Sünde beherrschtes Wesen ist damit vernichtet, und wir müssen nicht länger der Sünde dienen [...] Daran müsst ihr festhalten: Ihr seid tot für die Sünde und lebt nun für Gott, der euch durch Jesus Christus das neue Leben gegeben hat*« (Römer 6,6.11).

Es stellt sich also die Frage: Habe ich wirklich mein Ja zu Jesu Versöhnung durch sein Sterben und Auferstehen gegeben, damit ich in lebendiger Gemeinschaft mit Gott leben kann? Das ist die Grundvoraussetzung, dass ich teilhabe an diesem Sieg Jesu über die Sünde und damit am neuen Leben! Dass ich mit einstimmen kann in das Lied:

Wenn Friede mit Gott meine Seele durchdringt, ob Stürme auch drohen von fern, mein Herze im Glauben doch allezeit singt: Mir ist wohl, mir ist wohl in dem Herrn!

Wenn Satan mir nachstellt und bange mir macht, so leuchtet dies Wort mir als Stern: Mein Jesus hat alles für mich schon vollbracht, ich bin rein durch das Blut meines Herrn.

Die Last meiner Sünde trug Jesus, das Lamm, und warf sie weit weg in die Fern; er starb ja für mich auch am blutigen Stamm: Meine Seele lobpreise den Herrn!

Nun leb ich in Christo für Christum allein, sein Wort ist mein leitender Stern. In ihm hab ich Fried und Erlösung von Pein, meine Seele ist selig im Herrn.
H. G. Spafford (1828–1888), Theodor Kübler (1832–1905)

Es ist die entscheidende Frage: Lebe ich diese Befreiung, diese Befähigung zu einem neuen Leben, dieses: Du musst nicht bleiben, wie du bist!? Lebe ich das wirklich? Und wie lebe ich dieses neue Leben? Halte ich tatsächlich den alten Menschen für tot? Oder ist das alles nur ein Kopfwissen, sodass man ein Siegesleben nur so wenig lebt und daher auch nur so wenig erlebt?! Wissen allein genügt nicht. Es muss das Umsetzen dazu kommen, die Anwendung des Wissens, die Tat. Das, was in der Bibel Heiligung genannt wird. Ich kann noch so oft das Vaterunser mit den Lippen sprechen – wenn ich nicht lebe, was ich bete, was ich bitte, was ich bekenne, hat es keine heilsamen Auswirkungen in meinem Leben. Ein Weg entsteht, indem man geht. Was nicht zur Tat wird, hat keinen Wert. Neues Land kann man nur einnehmen, wenn man altes verlässt. Tut man es nicht, ist das der Grund, warum man nicht erlebt, was man ist! Die Ursache besteht also darin, dass man nicht von der Theorie zur Praxis kommt, vom Wissen zum Tun. Wenn wir nicht leben, nicht einüben, was wir in der Bibel lesen und in der Verkündigung hören, bleiben wir die Alten. Erst im Vollzug des Wortes Gottes erleben wir seine Realität. Glaube wird erst auf dem Weg des Gehorsams dem Geist und Wort Gottes gegenüber zur Erfahrung. Durch Unglaube und Ungehorsam, also Eigenwilligkeit, blockieren wir das Wirken des Heiligen Geistes. Er ist der helfende, ermutigende, korrigierende, tröstende, wegweisende Inspirator und Motivator für die Neugestaltung unseres Lebens nach dem Willen Gottes. Er ist die Kraft, die Energie für unser neues Leben. Paulus schreibt von ihm an die Gemeinde in Rom: *»Alle, die sich von Gottes Geist regieren lassen, sind Kinder Gottes«* (Römer 8,14; Hoffnung für Alle, 2015). Luther sagt es so: *»Welche der Geist Gottes treibt, die sind Gottes Kinder.«* Durch Gottes Geist haben wir Anteil am Leben Gottes. Doch Gottes Geist kann nur in uns wirksam sein, uns treiben, wenn wir ihm das Sagen in unserem Leben geben. Glauben ist ein Gott vertrauendes, Jesus liebendes

Denken. Dieses Denken wird bestimmt, beeinflusst vom Wort Gottes, der Bibel, ihren Werten, Maßstäben, Normen, Verheißungen, Zusagen, Erfahrungsberichten. Das heißt: Ohne intensives, regelmäßiges Studium der Bibel habe ich für meine Lebenspraxis keine Wegweisung. Ich muss sie lesen, mir merken, was ich gelesen habe. Es verinnerlichen, anwenden, umsetzen ins praktische Leben. Nur durch Üben wird man ein Geübter. Jesus sagt das ganz eindeutig: *»Lernet von mir!«* (Matthäus 11,29). Jesus ist heute gegenwärtig im Heiligen Geist. Er hilft uns, das Erkannte im Leben umzusetzen, wenn wir ihm folgen wollen. Jünger sein heißt immer, Lernender sein. Im Englischen wird für Jünger das Wort »disciple« gebraucht, darin steckt unser deutsches Wort »Disziplin«. Es geht also darum, mit Jesus im Gespräch, im Gebet unser Leben und die Verhältnisse, in denen wir leben, die kleinen und die großen Gegebenheiten, zu reflektieren und dann daraus für unser Leben konstruktiv beeinflussende Konsequenzen zu ziehen. Das meint Paulus, wenn er den Galatern schreibt: *»Ich lebe, doch nun nicht ich, Christus lebt in mir!«* (2,20.21). Anders gesagt: »Jetzt habe ich ein neues Leben. Es wird nicht mehr von meinem alten Ich bestimmt, sondern von dem auferstandenen Christus, der in mir lebt. Mein Leben auf der Erde erhält seinen Sinn durch den Glauben an den Sohn Gottes, der mich geliebt und sich in seiner Liebe für mich geopfert hat. Niemals werde ich Gottes unverdientes Geschenk ablehnen.« Das heißt: Ich trage Verantwortung dafür, dass das, was ich in der Bibel lese, auch von mir im meinem Leben umgesetzt wird. Die Kraft dazu gibt mir Gottes Heiliger Geist. Er ist diese Energie. Das hat er zugesagt. Und was er zusagt, das hält er auch! Das alleinige Hören dieser frohen Botschaft bringt letztlich nur eine große Enttäuschung, denn es ändert sich dadurch nichts im Leben, wenn nicht aus dem Hören das Gehorchen, das Tun wird. Deshalb macht uns Jakobus in seinem Brief darauf aufmerksam: »*Allerdings genügt es nicht, seine Botschaft nur anzuhören; ihr müsst auch danach handeln. Alles andere ist Selbstbetrug! Wer Gottes Botschaft nur hört, sie aber nicht in die Tat umsetzt, dem geht es wie einem Mann, der in den Spiegel schaut. Er betrachtet sich, geht wieder weg und hat auch schon vergessen, wie er aussieht. Ganz anders ist es dagegen mit dem, der nicht nur hört und es dann wieder vergisst, sondern auch danach handelt. Er beschäftigt sich gründlich mit Gottes vollkommenem Gesetz, das uns durch Christus gegeben ist und uns frei macht. Er kann sich glücklich schätzen, denn Gott wird alles segnen, was er tut*« (Jakobus 1,22–25; Hoffnung für Alle, 2015).

Der Glaube kommt also aus dem Wort Gottes und das Christsein nimmt Gestalt an aus dem Tun des Wortes. Paulus schreibt den Gemeindegliedern in Ephesus sehr konkret, wie das praktisch aussieht: »*Lasst euch in eurem Denken verändern und euch innerlich ganz neu ausrichten. Zieht das neue Leben an, wie ihr neue Kleider anzieht. Ihr seid nun zu neuen Menschen geworden, die Gott selbst nach seinem Bild geschaffen hat. Jeder soll erkennen, dass ihr jetzt zu Gott gehört und so lebt, wie es ihm gefällt. Belügt einander also nicht länger, sondern sagt die Wahrheit. [...] Wenn ihr zornig seid, dann ladet nicht Schuld auf euch, indem ihr unversöhnlich bleibt. Lasst die Sonne nicht untergehen, ohne dass ihr einander vergeben habt. Gebt dem Teufel keine Gelegenheit, Unfrieden zu stiften. Wer bisher von Diebstahl lebte, der soll sich jetzt eine ehrliche Arbeit suchen, damit er auch noch Notleidenden helfen kann. Redet nicht schlecht voneinander, sondern habt ein gutes Wort für jeden, der es braucht. Was ihr sagt, soll hilfreich und ermutigend sein, eine Wohltat für alle. Tut nichts, was den Heiligen Geist traurig macht. Als Gott ihn euch schenkte, hat er euch sein Siegel aufgedrückt. Er ist doch euer Bürge dafür, dass der Tag der Erlösung kommt. Mit Bitterkeit, Wutausbrüchen und Zorn sollt ihr nichts mehr zu tun haben. Schreit einander nicht an, redet nicht schlecht über andere und vermeidet jede Feindseligkeit. Seid vielmehr freundlich und barmherzig und vergebt einander, so wie Gott euch durch Jesus Christus vergeben hat«* (Epheser 4,23–32, Hoffnung für Alle, 2015). Wenn wir das wollen, dann ist es gut und hilfreich, zu bitten:

Herr, lass mich deine Heiligung durch deinen Geist erlangen! Du hast die Sinnesänderung selbst in mir angefangen; dein Geist wirkt Heiligung allein, dein Blut allein macht Herzen rein, seit du zum Vater gangen.

Ich kann mich selber vor der Welt nicht unbefleckt bewahren; ich kann nicht tun, was dir gefällt, das hab ich oft erfahren. Ich will mich übergeben dir; mach, was du willst, o Herr, aus mir in meinen Lebensjahren.

Ich stehe immer in Gefahr, das Kleinod zu verlieren; der

Feind versucht mich immerdar und will mich dir entführen. Herr Jesu, nimm dich meiner an, erhalt mich auf der Lebensbahn; nur du wollst mich regieren!

Dein heilges, teures Opferblut lass mich in Kraft durchdringen dein Leben, allerhöchstes Gut, in meine Seele bringen, damit die edle Seele dein alleine sei das Leben mein; so wird es mir gelingen.

Lass mich in deiner Gegenwart verharren und verbleiben; mach mein Gefühl mir rein und zart, das Böse abzutreiben; in dir lass mich stets grünend sein, so reife ich zum Leben fein, wird gleich mein Leib zerstäuben.
Johann Michael Hahn (1758–1819)

»*Erhalt mich auf der Lebensbahn; nur du wollst mich regieren!*« Beim Einüben dieser Gesinnung und Lebenshaltung bleibt es nicht aus, dass wir uns – im Bild gesprochen – immer wieder schmutzig machen. Deshalb ermutigt Paulus immer wieder zum Kleiderwechsel. Er schreibt den Kolossern: »*Ihr habt Jesus Christus als euren Herrn angenommen; nun lebt auch in der Gemeinschaft mit ihm. Wie ein Baum in der Erde, so sollt ihr in Christus fest verwurzelt bleiben, und nur er soll das Fundament eures Lebens sein. Haltet fest an dem Glauben, den man euch lehrte. Für das, was Gott euch geschenkt hat, könnt ihr ihm gar nicht genug danken. Passt auf, dass ihr nicht auf Weltanschauungen und Hirngespinste hereinfallt. All das haben sich Menschen ausgedacht; aber hinter ihren Gedanken stehen dunkle Mächte und nicht Christus. Nur in Christus ist Gott wirklich zu finden, denn in ihm lebt er in seiner ganzen Fülle. Deshalb lebt Gott auch in euch, wenn ihr mit Christus verbunden seid. Er ist der Herr über alle Mächte und Gewalten. Durch euren Glauben an Christus habt ihr euer altes, sündiges Leben aufgegeben«* (Kolosser 2,6–11a; Hoffnung für Alle, 2015).

»*Also trennt euch ganz entschieden von einem Lebensstil, wie er für diese Welt kennzeichnend ist! Trennt euch von sexueller Unmoral und Ausschweifungen, von Leidenschaften und Lastern, aber auch von der Habgier, die den Besitz für das Wichtigste hält und ihn zu ihrem Gott macht! Gerade mit einem solchen Verhalten ziehen die Menschen, die Gott nicht gehorchen wollen, seinen Zorn auf sich. Auch ihr habt früher so gelebt [...]. Aber jetzt ist es Zeit, das alles abzulegen. Lasst euch nicht mehr zum Zorn und zu Wutausbrüchen hinreißen. Schluss mit aller Bosheit! Redet nicht schlecht übereinander und beleidigt niemanden! Hört auf, euch gegenseitig zu belügen. Ihr habt doch euer altes Leben mit allem, was dazugehörte, wie alte Kleider abgelegt. Jetzt habt ihr neue Kleider an, denn ihr seid neue Menschen geworden. Gott ist beständig in euch am Werk, damit ihr immer mehr seinem Ebenbild entspricht, nach dem er euch geschaffen hat. [...] Ihr seid von Gott auserwählt und seine geliebten Kinder, die zu ihm gehören. Darum soll jetzt herzliches Mitgefühl euer Leben bestimmen, ebenso wie Güte, Bescheidenheit, Nachsicht und Geduld. Ertragt einander und vergebt euch gegenseitig, wenn jemand euch Unrecht getan hat. Denn auch Christus hat euch vergeben. Wichtiger als alles andere ist die Liebe. Wenn ihr sie habt, wird euch nichts fehlen. [...] Und der Friede, den Christus schenkt, soll euer ganzes Leben bestimmen. Gott hat euch dazu berufen, in Frieden miteinander zu leben. [...] Dankt Gott dafür!«* (Kolosser 3,5–10.12–15; Hoffnung für Alle, 2015).

Unser Christsein ist also immer ein Christ-Werden, so wie Johannes schreibt: *»Wieviele ihn aber aufnahmen,«* – also an Jesus glauben – *»denen gab er Macht, Gottes Kinder zu werden«* (Johannes 1,12). Wie Kinder heranwachsen und es lernen, wenn sie richtig dazu angeleitet werden und es auch wollen, sich nicht immer schmutzig zu machen, so lernt es ein Kind Gottes, sein Christsein immer besser zu leben, sich in die Gesinnung Jesu einzuüben. Es weiß und nimmt es für sich in Anspruch, dass der Heilige Geist, um dessen Wirken es immer wieder bitten darf, ihm dabei hilft. Es ist wichtig, dass ein Christ weiß, dass Lehre und Leben, Theorie und Praxis, Wissen und Tun, Glaube und Erfahrung in seinem Leben zusammengehören. Bei vielen Christen besteht heute ein Mangel an Lernwilligkeit, an verbindlicher Nachfolge, an bewusster Pflege der personalen Beziehung zu Jesus, ihrem Heiland und Herrn. Denn wer Jesus liebt, der hält seine Gebote, seine Anweisungen zu einem sinnerfüllten und damit reichen Leben! Er gewinnt Freude daran, wenn er erlebt: Ich muss nicht bleiben, wie ich bin; dass sein Denken und Fühlen, sein Reden und Schweigen, sein Agieren und Reagieren, sein Tun und Lassen profiliert werden unter dem Einfluss des Wortes und Geistes Gottes; dass er dem Bild, das Gott von ihm hat, immer ähnlicher wird. Das gelingt, je mehr unser

Wille immer wieder identisch wird mit dem Willen Jesu, denn Gott hat einen guten Willen über unsrem Leben. Hier kann das Staunen über Gott und unsere Anbetung ganz neu im Leben beginnen, so wie es Dora Rappard (1842–1923) im aus dem Englischen übersetzten Lied von W. F. Crafts zum Ausdruck bringt:

Ich blicke voll Beugung und Staunen hinein in das Meer seiner Gnad und lausche der Botschaft des Friedens, die er mir verkündiget hat. Sein Kreuz bedeckt meine Schuld, sein Blut macht hell mich und rein; mein Wille gehört meinem Gott, ich traue auf Jesus allein.

Wie lang hab ich mühvoll gerungen, geseufzt unter Sünde und Schmerz; doch als ich mich ihm überlassen, da strömte sein Fried in mein Herz. Sein Kreuz bedeckt ...

Sanft hat seine Hand mich berührt, er sprach: »O mein Kind, du bist heil!« Ich fasste den Saum seines Kleides, da ward seine Kraft mir zuteil. Sein Kreuz bedeckt ...

Der Fürst meines Friedens ist nahe, sein Antlitz ruht strahlend auf mir; o horcht seiner Stimme, sie ruft: »Den Frieden verleihe ich dir!« Sein Kreuz bedeckt ...

Ziel des Heiligen Geistes ist also unsere Heiligung; von Gott für Gott gebrauchsfähig gemacht werden, so wie es Paulus in seinem 1. Brief an die Thessalonicher schreibt: »Gott will, dass ihr ganz und gar ihm gehört« (4,3; Hoffnung für Alle, 2015).

Voll Geistes werden ist nicht die Frage nach einem besonderen religiösen Erlebnis, sondern nach einer Lebensweise aus dem Glauben in Liebe und Gehorsam, so wie es Jesus zugesagt hat: »*Ihr werdet den Heiligen Geist empfangen und durch seine Kraft meine Zeugen sein*« (Apostelgeschichte 1,8; Hoffnung für Alle, 2015). Also in meiner Lebenspraxis entscheidet sich, wes Geistes Kind ich bin. Bei der Fülle des Heiligen Geistes geht es nicht um Quantität, sondern um Qualität. Denn die Fülle des Heiligen Geistes offenbart sich im gelebten Christsein. Auf einen ganz einfachen Nenner gebracht: Hat Jesus das Sagen in meinem Leben? Ich glaube, dass sich in der aufrichtigen Ja- bzw. Nein-Beantwortung dieser Frage alles entscheidet. Wenn Jesus durch meine Bekehrung und Wiedergeburt mein Heiland und Herr geworden ist, dann habe ich nach den Aussagen des Neuen Testamentes den Heiligen Geist. Ich bin ein Kind Gottes, ein Heiliger. Nun geht es darum, das Wirken des Heiligen Geistes in meinem Leben nicht zu blockieren, ihn nicht zu »dämpfen«, wie Paulus schreibt (1. Thessalonicher 5,19). Denn der Heilige Geist will uns umgestalten in das Bild, das Gott von uns hat. Die Konsequenz für uns ist, umzudenken; weniger zu bitten: »Fülle mich mit deinem Heiligen Geist« als vielmehr zu bitten: »Stärke mir den Mut und die Kraft, dir, deinem Wort, dem Wirken deines Geistes gehorsam zu sein, als Heiliger zu leben.« Es geht dabei nicht um eine Elite von Christen, die sich besondere Verdienste bei Gott erworben hätten, sondern um Nachfolger und Nachfolgerinnen von Jesus Christus, die mit Paulus sprechen: »*Dabei ist mir klar, dass ich dies alles noch lange nicht erreicht habe und ich noch nicht am Ziel bin. Doch ich setze alles daran, es zu ergreifen, weil ich von Jesus Christus ergriffen bin. Wie gesagt, [...] ich weiß genau: Noch bin ich nicht am Ziel angekommen. Aber eins steht fest: Ich will vergessen, was hinter mir liegt, und schaue nur noch auf das Ziel vor mir. Mit aller Kraft laufe ich darauf zu, um den Siegespreis zu gewinnen, das Leben in Gottes Herrlichkeit. Denn dazu hat uns Gott durch Jesus Christus berufen«* (Philipper 3,12–14).

Heilige sind also Menschen, die einen befreiten Willen haben, zu tun, was Gott will und ihm Ehre erweist. Es sind Menschen, die um das Wirken des Geistes Gottes in ihrem Leben bitten: »Stärke meinen Willen, meine Bereitschaft, den alten Menschen, die alten, schmutzigen Klamotten immer wieder auszuziehen und den neuen Menschen, die neuen Kleider anzuziehen. Hilf mir, dich in und an mir wirken zu lassen, damit ich gehorsam bin, dir nachzufolgen, deinen Worten zu gehorchen.« Nachfolge ist keine Idee, sondern Bewegung, Anschluss an die Person Jesus Christus. Ob ich nachfolge, ist in meiner Verantwortung.

Heilige sind daher Menschen, die Jesus Christus von Herzen lieb haben und ihm gerne nachfolgen. Sie wollen für andere Vorbilder sein im Glauben und durch das Gestalten ihres Lebens. Die Erfahrung zeigt, dass folgender Faktor dabei ganz entscheidend ist: die persönliche Beziehung zum Mitmenschen und ein glaubwürdiger Lebenswandel in Wort und Tat. Menschen finden zur Gemeinde Jesu durch persönliche Beziehungen, durch praktizierte Liebe, durch Verständnis für ihre Lebenssituation, durch erlebte Vergebung, durch Ermutigung und Beistehen in ihrem Kummer, ihren Krisen und Konflikten, auch wenn einem die Worte fehlen. Man muss dazu kein Ausnahmechrist sein, nichts Besonderes, Spektakuläres tun. Das Alltägliche ist gefragt, die Treue im Kleinen. Das kann jeder, ob jung oder alt, Mann oder Frau, verheiratet oder ledig, ob mit oder ohne Arbeit: sich um den anderen kümmern! Besuche machen, einladen zu sich nach Hause, nach dem Ergehen sich erkundigen, miteinander beten, aber auch anpacken und erledigen, was zu erledigen ist. Das Dasein für andere bringt dem eigenen Leben eine tiefe Erfüllung und eine zufrieden machende Lebensqualität.

Wenn ich mit Menschen ins Gespräch komme über der Frage, wie sie zum lebendigen Glauben an Jesus Christus gekommen sind, erzählen die meisten zunächst von menschlichen Kontakten, von Beziehungen, die ihnen gutgetan haben, von erlebter Liebe, die sie erfahren haben und nicht so sehr von vielen biblischen Worten, die zwar dann später ganz entscheidend für sie wurden. Wesentlich wurde für mich dabei die Erkenntnis, dass Menschen keine Missionsobjekte sein wollen, aber oft ganz offen sind für Begegnungen mit Leuten Jesu, also Heiligen, die durch ihren Lebenswandel etwas ausstrahlen von der Freude und Liebe zu Jesus Christus und dem Vertrauen, das sie zu ihm haben, dass er alle Tage bei ihnen ist; dass sie in allen Lebenslagen nie verlassen sind. Es herrscht auch ein Gespür dafür, ob man nur aus taktischen Gründen eine Beziehung pflegt, oder ob tatsächlich ein ehrliches Interesse am persönlichen Ergehen des Nächsten besteht. Dann braucht man auch nicht hinter dem Berg zu halten, sondern kann ganz selbstverständlich, ohne sich zu schämen oder Menschenfurcht zu haben, von dem reden, was für einen selbst das Wichtigste im Leben und im Sterben ist, wer einem Kraft und Freude, Halt und Hoffnung, Orientierung und Wegweisung gibt im Auf und Ab des Lebens – eben von Jesus Christus, seinem Heiland und Herrn. Die Motive unserer Nächstenliebe und unseres Zeugnisgebens sind entscheidend. Nicht dass wir es machen, vollbringen oder gar zwingen könnten, dass die, um die wir uns kümmern, zum lebendigen Glauben an Jesus Christus kommen, sondern dass wir als von Gott Geheiligte, also als seine Werkzeuge, in Liebe und Verständnis reden und leben. Unsere Aufgabe ist nicht das *Über*zeugen, sondern das *Be*zeugen, dass unser Gegenüber von Gott genauso geliebt ist wie man selbst.

Darum die Bitte von Heinrich Georg Neuß (1654–1716), die wir auch zu unserem Gebet machen wollen:

Ein reines Herz, Herr, schaff in mir, schließ zu der Sünde Tor und Tür; vertreibe sie und lass nicht zu, dass sie in meinem Herzen ruh.

Dir öffn ich, Jesu, meine Tür, ach komm und wohne du bei mir, treib all Unreinigkeit hinaus aus deinem Tempel, deinen Haus.

Lass deines guten Geistes Licht und dein hellglänzend Angesicht erleuchten mein Herz und Gemüt, o Brunnen unerschöpfter Güt, und mache dann mein Herz zugleich an Himmelsgut und Segen reich; gib Weisheit, Stärke, Rat, Verstand aus deiner milden Gnadenhand.

So will ich deines Namens Ruhm ausbreiten als dein Eigentum und dieses achten für Gewinn, wenn ich nur dir ergeben bin.

Juni

Zerbrochene Werkzeuge – von Gott für Gott gebrauchsfähig gemacht

Der Reformator Martin Luther hat über die Heiligen, also die Menschen der Bibel und die Menschen unserer Tage, die von Herzen Gott nachfolgen, gesagt, dass ihn ihre Schwächen mehr trösten würden als ihre Stärken. Eine nachdenkenswerte Frage: Wer tröstet und ermutigt uns mehr: Im Leben und Glauben bewahrte oder im Leben und Glauben bewährte Menschen?

Zerbrochene Werkzeuge – eigentlich nichts Besonderes. Meistens werden sie dadurch unbrauchbar, nutzlos auf die Seite gestellt, weil wertlos, auch nicht selten einfach weggeworfen. Unsere Wegwerfgesellschaft demonstriert uns das ja täglich.

Auch der Mensch steht in Gefahr, mit seinen Mitmenschen ähnlich umzugehen. Wer keine Leistung mehr bringt, wird auf die Seite geschoben, abgeschrieben, wertlos. Schwäche ist nicht gefragt in unseren Tagen. Durchsetzungsvermögen, Stärke, Ellenbogenverhalten sind Trumpf. Wer sich nicht wehren kann, taugt nichts mehr. Wir erleben das in der Tötung ungeborenen Lebens ebenso wie bei der Diskussion um lebensunwertes Leben, z. B. bei alt gewordenen und unheilbar kranken Menschen. Die Devise lautet heute überwiegend: Wert hat nur, was verwertbar ist, materiellen Gewinn bringt.

Dieses Denken – »Was habe ich davon?« – hat auch vor der Kirche nicht haltgemacht. Man ist einerseits enttäuscht, keine wirkliche, echte Lebens- und Glaubenshilfe mehr zu bekommen. Die hohen Austrittszahlen zeigen das. Andererseits muss sich »die Kirche« fragen, ob sie noch ihrem Auftrag gerecht wird, Menschen in die Gemeinschaft mit Jesus Christus zu rufen. Denn heute wird weithin ein völlig anderes »Evangelium« angeboten: Fun und Event, Power-Evangelium, gesund sein und reich. Es wird immer mehr proklamiert: Wir glauben doch alle an »einen Gott«, gleich welchen Namen er trägt; denn ganz ohne Religiosität geht es eben doch nicht. Doch Gott, der Vater Jesu Christi, ist nicht »ein Gott« unter vielen Göttern. Von ihm schreibt Lukas: »*In keinem andern ist das Heil, auch ist kein andrer Name unter dem Himmel den Menschen gegeben, durch den wir sollen selig werden*« (Apostelgeschichte 4,12). Sagt Jesus doch: »*Wer mich sieht, der sieht den Vater*« (Johannes 14,9). Und er unterstreicht das, wenn er feststellt: »*Ich bin der Weg und die Wahrheit und das Leben; niemand kommt zum Vater, denn durch mich*« (Johannes 14,6). Dieses Evangelium wird weithin nivelliert; zu einer unverbindlichen Religiosität verwässert, ohne Werte und Normen, ohne Anspruch und Zuspruch. Darum erlebt man heute auch kaum noch heilsame Vergebung von Sünde und Schuld, Heilsgewissheit, neues, sinnvolles Leben durch Jesus Christus und lebendige Ewigkeitshoffnung in ungetrübter Gemeinschaft mit Gott.

Viele unterschiedliche Gedanken, Gefühle, Empfindungen verbinden sich mit dieser Thematik. Darüber will ich mit Ihnen etwas mehr nachdenken; über dieses Spannungsfeld im Leben von Männern und Frauen der Bibel, der Kirchengeschichte, in unserem Umfeld und im eigenen Leben; und das anhand des Themas: »*Zerbrochene Werkzeuge – von Gott für Gott gebrauchsfähig gemacht.*«

Not bereitet dabei auch, dass sich in diesem Problemkreis unsere Vorstellungen nicht verwirklichen, unsere Wünsche und Erwartungen nicht in Erfüllung gehen, viele unserer Gebete – wie wir meinen – unerhört bleiben. Es entstehen Fragen aufgrund dieser Betroffenheit: Ist solchen unverstandenen Wegführungen ein Sinn abzugewinnen? Was hat Gott damit zu tun? Kümmert ihn das ganze Dilemma nicht? »Zerbrochene Werkzeuge« – wie ist das bei ihm? Zerbricht Gott auch Menschen, um sie dann wegzuwerfen? Sind zerbrochene Menschen bei Gott wertlos? Der Gedanke, dass Gott Menschen zerbricht, gefällt uns nicht. Er ist für unser Denken nicht einleuchtend. Wir sträuben uns dagegen. Das ist nicht unsere vertraute Vorstellung, dass Gott zerbricht. Ja, wenn es um unsere Feinde geht, um Menschen, die mir Böses tun und mich verletzen, mir übel mitspielen, mir nicht sympathisch sind, dann mag es noch angehen, dass Gott an meiner Statt heimzahlen soll. Aber, wenn Gott *mich* zerbricht, meine Gebete nicht bzw. ganz anders erhört, als von mir erwartet; ich völlig andere Wege gehen muss, als ich sie gut finde; das passt den wenigsten in ihr Bild von Gott. Oder wenn Gott gar etwas geschehen lässt, dass mir etwas passiert, was mir gar nicht gefällt? Kann das denn Gott sein? Ist Gott nicht immer der »liebe Gott«, der Gute, der Helfende, der Heilende, der das, was andere und/oder auch ich verschuldet habe/n, vergibt und wieder in Ordnung bringt? Ja, das ist und tut er auch! Er verbindet, richtet auf, bringt wieder auf den rechten Weg, heilt, tut wohl. Aber manches Mal fängt Gottes Hilfe auch mit dem Zerbrechen an. Hinter diesem Zerbruch steht dann aber Gottes Liebe. Doch das will uns selten einleuchten. Es ist ja auch ziemlich fremd geworden in der Verkündigung, diese biblische Tatsache zu hören: Gott kann auch zerbrechen! – Da kommt zunächst bei uns eine lange Denkpause. Wir wehren uns dagegen; haben unsere Gegenargumente; wollen es nicht wahrhaben. Das stört unsere Harmoniebedürftigkeit, eben das Bild von Gott, das man sich zurechtgemacht hat. Es würde uns vielleicht noch einleuchten, wenn es heißen würde: An Gott kann man zerbrechen. Aber: Gott zerbricht?! Das schmeckt den wenigsten!

Dass wir deine Herrlichkeit können recht erfassen, wirfst du über uns das Leid, führst uns dunkle Straßen. Dass wir dir allein vertraun, dir und keinem andern, reißt du nieder, was wir baun, und wir müssen wandern.

Wer noch nicht zerbrochen ist, findet nicht die Türen, die zu dir, Herr Jesu Christ, in die Freude führen. So wolln wir dir stille sein und dir glaubend trauen, denn wir sollen nach der Pein alle Himmel schauen.
Gerhard Fritzsche (*1911, seit 1944 vermisst)

»Wer noch nicht zerbrochen ist, findet nicht die Türen, die zu dir, Herr Jesu Christ in die Freude führen.« – Viele Christen sind auf eine ganz andere Botschaft programmiert bei dem Wort »zerbrochen«. Sie hören bzw. denken an Worte wie: *»Das geknickte Rohr wird er nicht zerbrechen«* (Jesaja 42,3). *»Er hat mich gesandt,[...] die zerbrochenen Herzen zu verbinden«* (Jesaja 61,1). *»Der Herr heilt, die zerbrochenen Herzens sind«* (Psalm 147,3). Das stimmt alles. Ich habe das in meinem Leben immer wieder erfahren: in Anfechtungen, unverstandenen Wegführungen, beim Tod lieber Menschen, in Depressionen, beim Schlaganfall, bei Herzinfarkten, Herz- und Hüftoperationen, misslungener Augenoperation, Amputationen am Fuß, mitten in den Jahren langer Schmerzen – es stimmt: Gott tröstet, richtet auf, hält fest, führt, bewahrt, hilft, trägt hindurch.

Aber das andere stimmt eben auch: Gott zerbricht! Dahinter steht kein böser Wille. Nein, er tut dies mit der guten, heilsamen Absicht, von ihm für ihn dadurch gebrauchsfähiger gemacht zu werden. Die Bibel bezeugt es, und die Erfahrung bestätigt es: Gott kann uns auch zerbrechen zu seiner Ehre, zu unserem Heil und zum Segen für andere. Das wird leider oft verschwiegen in der Verkündigung, auch in der Seelsorge! Warum? Vielleicht deswegen, weil da die innerste Beziehung eines Menschen zu Gott, zu Jesus Christus angesprochen wird, sozusagen das tiefste Geheimnis unseres Glaubenslebens auf den Prüfstand kommt! Da geht es nur noch um Jesus, meinen Heiland und Herrn, meinen Mittler zwischen Gott und mir, um meine ganz persönliche Beziehung zu ihm. Es geht um diese Spannung: Gott weiß darum! Es geschieht nichts ohne seinen Willen. Er hat den Zerbruch herbeigeführt und ihn zugelassen. *»Es kann mir nichts geschehen, als was er hat ersehen und was mir selig ist. Ich nehm es, wie er's gibet; was ihm von mir beliebet, dasselbe hab auch ich erkiest«* (Paul Fleming, 1609–1640). Das singt sich zwar leichter, als es sich leben lässt. Und doch ist es wahr: Alles, was uns trifft, kommt von Gott – das gilt auch für Menschen, die ihn lieb haben und ihm vertrauen. Wenn Leid und Leiden, Trauer und Schmerz, Verletzungen und Enttäuschungen uns zu schaffen machen, uns treffen, wenn unsere Wünsche und Pläne, unsere Erwartungen und Hoffnungen, unsere Gebete anscheinend nicht erhört werden – auch dann entgleitet Gott unser Leben nicht. Er behält die letzte Verantwortung für uns. Wir sind dann nicht wertlos für ihn, abgeschrieben! Vielmehr ist es so: Er hat uns sehr lieb und behält uns lieb; so lieb, dass er seinen Sohn für uns hergab, und jeder, der an ihn glaubt, nicht verloren geht, sondern das ewige Leben hat (Johannes 3,16). Das verspricht er und das hält er auch!

Gott will's machen, dass die Sachen gehen, wie es heilsam ist; lass die Wellen höher schwellen, wenn du nur bei Jesus bist.

Wer sich kränket, weil er denket, Jesus liege in dem Schlaf, wird mit Klagen nur sich plagen, dass der Unglaub leide Straf.

Glaub nur feste, dass das Beste über dich beschlossen sei; wenn dein Wille nur ist stille, wirst du von dem Kummer frei.

Gottes Hände sind ohn Ende, sein Vermögen hat kein Ziel. Ist's beschwerlich, scheint's gefährlich, deinem Gott ist nichts zu viel.

Wenn die Stunden sich gefunden, bricht die Hilf mit Macht herein und dein Grämen zu beschämen, wird es unversehens sein.

Amen, amen! In dem Namen meines Jesu halt ich still; es geschehe und ergehe, wie und wann und was er will.
Johann Daniel Herrnschmidt (1675–1723)

Es ist eine Tatsache und zugleich ein Geheimnis, dass bei Gott »zerbrochene Werkzeuge« nicht wertlos sind und auch nicht von ihm weggeworfen werden, sondern besonders wertvoll in seiner Hand sind. Im Erleben des äußeren Zerbruchs eines Menschen geschieht oft etwas Geheimnisvolles, das Bedeutung gewinnt für das Heranreifen des inneren Menschen. Jesus sagt es so: *»Ein Weizenkorn, das nicht in den Boden kommt und stirbt, bleibt ein einzelnes Korn. In der Erde aber keimt es und bringt viel Frucht, obwohl es selbst dabei stirbt«* (Johannes 12,24; Hoffnung für Alle, 2015). Und Paulus, als Betroffener, schreibt: *»Wenn auch unser äußerer Mensch verfällt, so wird doch der innere von Tag zu Tag erneuert«* (2. Korinther 4,16).

Ich habe die Erfahrung gemacht, dass Leid und Leiden ihren Eigenwert haben, weil wir die Erfahrungen, die wir darin sammeln, sonst nirgends machen können. Sie fordern uns heraus, sich ihnen zu stellen, sie zu verarbeiten, daraus konkrete Konsequenzen zu ziehen, damit wir davon für unseren weiteren Glaubens- und Lebensweg profitieren. Sie wollen unsere Freude an und in Jesus Christus vertiefen, unseren Horizont erweitern, damit wir neue Perspektiven bekommen, die auch für die seelsorgerliche Begleitung anderer hilfreiche, heilsame Auswirkungen haben – weil wir lernen, einen neuen Standpunkt einzunehmen und dadurch neue Prioritäten im Leben setzen zu können. Dieses Verarbeiten ist ein tiefes Geheimnis zwischen Gott und dem Betroffenen selbst. Oft zunächst gar nicht einsichtig, logisch erklärbar und doch – wenn wir uns zu einem Ja dazu durchringen: »Herr, ich verstehe dich nicht, aber ich vertraue dir!« – erfahrbar, erlebbar. Neues keimt auf!

Jesu Leute – von Gott zerbrochene Werkzeuge? Ja, seine Leute! Nicht irgendjemand. Nein, seine Leute, mit denen er seine Gemeinde, sein Reich baut. Es ist der Weg, auf dem seine Leute wachsen, reifen und Frucht tragen, umgestaltet werden in das Bild, das er von ihnen hat. Wollen wir das denn? Wollen wir das auf diesem Weg, dem Weg des Zerbruchs? Bei dieser Frage geht es ganz persönlich um uns, um Ihre und um meine Beziehung zu Jesus. Können, wollen wir so beten: Gott, mach mich gebrauchsfähiger für dich und sei es auch durch schwere Wegführungen! So wie wir beten: Gott, führe mich, erneuere mich, erlöse mich, wandle mich, heilige mich, heile mich.

Es ist, wenn wir Gottes Wort lesen, uns mit ihm intensiv befassen, darin vom »zerbrochenen Werkzeug in Gottes Hand« mehr die Rede, als wir vielleicht vordergründig denken und vermuten, auch mehr, als es uns lieb ist. Wir lesen z. B. von Hiob, dass er sagt: »*Gott hat mich zerbrochen um und um*« (Hiob 19,10). Das war, bevor er bekennen konnte: »*Ich weiß, dass mein Erlöser lebt*« (19,25). An anderer Stelle stellt der Psalmist fest: »*Ich bin geworden wie ein zerbrochenes Gefäß [...] Ich sprach wohl in meinem Zagen: Ich bin von deinen Augen verstoßen*« (Psalm 31,13.23), bevor er bekennen kann: »*Wer treu zu dir hält, steht unter deinem Schutz*« (31,24). Ich denke auch an den zerbrochenen Jakob, von dem wir lesen: »*Und er hinkte*« in den Sonnenaufgang hinein – ein zerschlagenen Mann (1. Mose 32,27.32), der neu sein Leben anfangen darf, nachdem er mit Gott gerungen hat: »*Ich lasse dich nicht, du segnest mich denn*«; oder an Elia, der lebensmüde unter dem Wacholder liegt und dem Gott sagt: »*Steh auf, iss und geh, erfülle meinen Auftrag*« und Elia geht als neu gesegneter Beauftragter (1. Könige 19,1–8); da ist Petrus, der zerbrochene Petrus, der nach seiner Verleugnung Jesu hinausgeht und nur noch weinen kann (Matthäus 26,75) und der von Jesus beauftragt wird: »*Weide meine Schafe*«; oder der enttäuschte Thomas, dem Jesus sagt: »*Du glaubst, weil du mich gesehen hast. Wie glücklich können sich erst die schätzen, die mich nicht sehen und trotzdem glauben*« (Johannes 20,29); und Thomas antwortet: »*Mein Herr und mein Gott!*« Sie alle werden im Zerbruch zu brauchbaren

Werkzeugen von Gott für Gott umgestaltet – auch ein zerbrochener Paulus, mit seinem Pfahl im Fleisch. Ihm gilt Gottes Zusage: »*Lass dir an meiner Gnade genügen, denn meine Kraft vollendet sich in der Schwachheit*« (2. Korinther 12,9). und Paulus bekennt: »*Wenn ich schwach bin, bin ich stark*« (12,10). Alles zerbrochene Werkzeuge, von Gott für Gott gebrauchsfähig gemacht, weil sie um ein Ja gerungen haben zu Gottes Wegführungen und dadurch transparent für das geworden sind, was Gott kann, will und tut!

Wenn wir die Bibel mit ihren Aussagen unter diesen Gesichtspunkten studieren und auf uns wirken lassen, begegnen uns die Menschen der Bibel in einem ganz anderen Licht als bisher. Es sind dann nicht mehr die Heroischen, die keine Fehler machen, keine Niederlagen erleben, keine Anfechtungen zu bestehen haben, die nicht klagen und anklagen, ohne Leid und Leiden, ohne Schmerzen leben, die sozusagen immer obenauf sind. Nein, es sind die, die tief unten durch mussten, die aber für sich in Anspruch nahmen, was Paulus bekennt: »*Wenn ich schwach bin, bin ich stark!*« (2. Korinther 12,10), weil Jesus Wort hält, wenn er zusagt: »*Meine Gnade ist mächtig in dir!*« Diese Erfahrung finden wir auch in der Kirchengeschichte. Ob wir an Liederdichter denken wie Paul Gerhardt, Friedrich Hiller, Gerhard Tersteegen, Martin Luther, Johann Christoph Blumhardt, Dietrich Bonhoeffer … Alles Menschen, die offen, ehrlich, aufrichtig vom Zerbruch sprechen und trotzdem – ja gerade dadurch – vom Gesegnetwerden. Sören Kierkegaard stellt fest: »*Alles, was Gott gebrauchen will, macht er zuerst zu nichts!*« Und Luther sagt: »*Gott kommt und was er heißen hat zu bauen, das bricht er ab. Gott zeigt einen Weg und man sieht keinen Ausweg. Er will dich sehend machen, so macht er dich blind. Er will dich ganz machen, so schlägt er dich in tausend Stücke.*«

Wenn Gott zerbricht, dann nicht um »fix und fertig« zu machen, sondern um »fertig zu machen« im wahrsten Sinne des Wortes, gebrauchsfähiger für ihn, sein Tun und Walten im Lieben, im Erbarmen, im Vergeben, im Geduld üben, im Vertrauen gegen den Augenschein, im Zuhören, im Verstehen, im Schweigen, im Mittragen, in der Sanftmut, im Diene-Mut. Wenn wir beten: »*Herr, mehre uns den Glauben!*«, dann kommen wir auch in Anfechtung und auf den Prüfstand; unser Gott vertrauendes Denken wird erprobt – doch immer mit dem Ziel, dass es erstarkt; wir glaubwürdig sprechen und leben lernen; authentisch, echt sind! Wollen wir das? Ist es das, was wir wirklich wollen? Was auch Sie für Ihr Leben erbitten? Überlegen Sie: Nicht, »*ich möchte*«, – das ist so unverbindlich – nein, *ich will* wirklich von Gott für Gott zubereitet werden, gebrauchsfähig für ihn sein und bleiben! Ich will Werkzeug in seiner Hand sein; ich will wie Paulus bekennen lernen: »*Ich vermag alles durch den, der mich mächtig macht, Christus*« (Philipper 4,13). *Ich will* üben – und es wird immer ein Üben bleiben, das mir einmal mehr gelingt und einmal weniger –, wie Paulus den Weg der Nachfolge Jesu unter die Füße zu nehmen, bis auch ich sein Bekenntnis sprechen kann; *ich will* mit

Jesus »*durch Freud und Leid, durch Glück und Not*« gehen und dabei keine Etappen überspringen, sonst fehlen mir später die Erfahrungen, die ich zum Wachsen und Reifen meines Gott vertrauenden Denkens notwendig brauche. Das leuchtet vielen nicht ein bzw. es ist ihnen zu anstrengend. Darum stecken sie zu schnell auf. Es stimmt, was ich schon sagte: Bewährte leben ihren Glauben anders als Bewahrte! Von Bewährten geht Ausstrahlung und daher Anziehung aus. Doch das beinhaltet oft auch Konfliktstoff fürs Miteinander.

In der korinthischen Gemeinde hatte man z. B. seine Schwierigkeiten mit dem »zerbrochenen« Paulus. Man sagte ihm: Paulus, wenn du wirklich zu Jesus Christus gehörst – du hast uns ja viel von Gottes Gnade und Herrlichkeit in deinem Leben erzählt und auch geschrieben –, müsste es dann nicht ganz anders aussehen in deinem Leben? Wir wissen, wie Paulus dann im 12. Kapitel des 2. Korintherbriefes sinngemäß geantwortet hat: »Es wird schon so richtig sein, dass ihr danach fragt!« Und er schämt sich nicht, weiter zu schreiben: »Ja, so habe ich ja selber wohl gemeint, dass ich nicht immer vor euch stehen müsste als der Zerbrochene, von dem Herrn Zerbrochene, sondern als der Starke. Aber der Herr hat sich nicht darauf eingelassen. Er hat mich den zerbrochenen, armseligen Paulus sein und bleiben lassen. Er sagte mir: ›*Lass dir an meiner Gnade genügen, denn meine Kraft vollendet sich in der Schwachheit.*‹«

Ich kenne ganz ähnliche Gespräche, Telefonate und Korrespondenz mit Menschen des Glaubens, die meinen: »Aber Herr Scherer, wir beten doch seit Jahren für Sie und Sie haben so vielen Menschen seelsorgerlich geholfen, warum hilft Ihnen denn Jesus nicht und heilt Sie, nimmt Ihnen Ihre täglichen Schmerzen? So könnten Sie doch für viele Menschen noch ganz anders da sein als jetzt.« So und ähnlich lauten diese gut gemeinten Ermutigungen. Ehrlich gesagt: Ich verstehe es auch nicht, warum das so ist und meine und die Gebete anderer nicht erhört werden! Und doch steht für mich fest: Gott kann! Das ist überhaupt keine Frage! Aber will er es auch? Ich habe in diesen Jahren der Betroffenheit viel Neues und Hilfreiches für die Verkündigung und Seelsorge gelernt, habe sozusagen neue Semester in der Schule Gottes belegt, – auch wenn ich dabei manches Mal bete: »Herr, gib mir bitte Semesterferien!« Mir wurde dabei einsichtig, dass es gar nicht darum geht, dass es mir gesundheitlich unbedingt besser geht. Sondern es geht darum, dass ich in »*Freud und Leid, in Glück und Not*« transparent bleibe für Jesus Christus und mich in allen Lebenslagen von ihm geliebt, gehalten und geführt weiß. Ich fühle mich von Asaph, dem Psalmisten, gut verstanden, wenn er bekennt: »*Ich aber wäre fast gestrauchelt mit meinen Füßen; mein Tritt wäre beinahe geglitten [...] da ich sah, dass es den Frevlern so gut ging. [...] Sie sind nicht in Mühsal wie sonst die Leute und werden nicht wie andere Menschen geplagt. [...] So sann ich nach, ob ich's begreifen könnte, aber es war mir zu schwer, bis ich ging in das Heiligtum Gottes und merkte auf ihr Ende. [...] Wie werden sie so plötzlich zunichte! [...] Als es mir wehe tat im Herzen und mich stach in meinen Nieren, da war ich ein Narr und wusste nichts. [...] Dennoch bleibe ich stets an dir; denn du hältst mich bei meiner rechten Hand, du leitest mich nach deinem Rat und nimmst mich am Ende mit Ehren an. Wenn ich nur dich habe, so frage ich nichts nach Himmel und Erde. Wenn mir gleich Leib und Seele verschmachtet, so bist du doch, Gott, allezeit meines Herzens Trost und mein Teil«* (Psalm 73, auszugsweise).

Es kommt darauf an, dass wir das Ziel nicht aus den Augen verlieren!

Was Gott tut, das ist wohlgetan, es bleibt gerecht sein Wille; wie er fängt seine Sachen an, will ich ihm halten stille. Er ist mein Gott, der in der Not mich wohl weiß zu erhalten; drum lass ich ihn nur walten.

Was Gott tut, das ist wohlgetan, er wird mich nicht betrügen; er führet mich auf rechter Bahn, so lass ich mir genügen an seiner Huld und hab Geduld, er wird mein Unglück wenden, es steht in seinen Händen.

Was Gott tut, das ist wohlgetan, er wird mich wohl bedenken; er als mein Arzt und Wundermann wird mir nicht Gift einschenken für Arzenei; Gott ist getreu, drum will ich auf ihn bauen und seiner Güte trauen.

Was Gott tut, das ist wohlgetan, er ist mein Licht und Leben, der mir nichts Böses gönnen kann; ich will mich ihm ergeben in Freud und Leid, es kommt die Zeit, da öffentlich erscheinet, wie treulich er es meinet.

Was Gott tut, das ist wohlgetan; muss ich den Kelch gleich schmecken, der bitter ist nach meinem Wahn, lass ich mich doch nicht schrecken, weil doch zuletzt ich werd ergötzt mit süßem Trost im Herzen; da weichen alle Schmerzen.

Was Gott tut, das ist wohlgetan, dabei will ich verbleiben. Es mag mich auf die raue Bahn Not, Tod und Elend treiben, so wird Gott mich ganz väterlich in seinen Armen halten; drum lass ich ihn nur walten.
Samuel Rodigast (1649–1708)

Ich will nochmals auf den Anfang meiner Überlegungen zurückkommen. Wer aufgeschlossen Gottes Wort, die Bibel, liest, die Kirchengeschichte studiert und sein eigenes Leben und das Leben anderer Nachfolger/innen von Jesus Christus bedenkt, wird feststellen, dass zu den Gesegneten Gottes auch die zerbrochenen Werkzeuge Gottes gehören, die er durch den Zerbruch für sich gebrauchsfähig gemacht hat.

Die folgenden Sätze eines unbekannten Autors haben mich diesbezüglich tief angesprochen:

Ich bat Gott um Kraft, um etwas zu leisten; ich wurde schwach, auf dass ich in Demut gehorchen lernte. Ich bat um Gesundheit, um Größeres zu tun; ich erhielt Krankheit, auf dass ich Besseres tue. Ich bat um Reichtum, um glücklich zu werden; ich erhielt Armut, auf dass ich weise werde. Ich bat um Macht, um Menschenruhm zu ernten; ich erhielt Schwäche, auf dass ich Gottes Hilfe suche. Ich erbat alles, um mich des Lebens zu erfreuen; Ich bekam nichts von dem, was ich erbat, und doch alles, was ich zutiefst erhofft habe. Fast gegen meinen Willen fand unausgesprochen betend Erfüllung: Unter allen Menschen bin ich sehr reich gesegnet!

Auch die Worte von John Wesley (1703–1791) habe ich mitbeten gelernt:

Ich gehöre nicht mehr mir selbst, sondern dir! Stelle mich, wohin du willst. Geselle mich, zu wem du willst. Lass mich wirken, lass mich dulden. Brauche mich für dich, oder stelle mich für dich zur Seite. Erhöhe mich, erniedrige mich für dich. Lass mich erfüllt sein, lass mich leer sein. Lass mich alles haben, lass mich nichts haben. In freier Entscheidung und von ganzem Herzen überlasse ich alles deinem Willen und Wohlgefallen. Herrlicher und erhabener Gott, Vater, Sohn und Heiliger Geist, du bist mein und ich bin dein. So soll es sein. Bestätige im Himmel den Bund, den ich jetzt auf Erden erneuert habe. Amen!

Erscheinen meines Gottes Wege mir seltsam, rätselhaft und schwer, und gehn die Wünsche, die ich hege, still unter in der Sorge Meer, will trüb und schwer der Tag verrinnen, der mir nur Schmerz und Qual gebracht, dann will ich mich auf eins besinnen: dass Gott nie einen Fehler macht.

Wenn über ungelösten Fragen mein Herz verzweiflungsvoll erbebt, an Gottes Liebe will verzagen, weil sich der Unverstand erhebt, dann darf ich all mein müdes Sehnen in Gottes Rechte legen sacht, und dieses sprechen unter Tränen: dass Gott nie einen Fehler macht.

Drum still, mein Herz, und lass vergehen, was irdisch und vergänglich heißt, im Lichte droben wirst du sehen, dass gut die Wege, die er weist. Und müsstest du dein Liebstes missen, ja ging's durch kalte, finstre Nacht, halt fest an diesem rettend Wissen, dass Gott nie einen Fehler macht.

Dieter Sack (1902–1942/43)

Juli

Ich mag mein Alter

Das eigentliche Altwerden kann man nicht nur an einem bestimmten Lebensalter und auch nicht an der körperlichen und seelischen Verfassung eines Menschen ablesen. Es wird ganz wesentlich von zwei Faktoren bestimmt:
❖ von unserer Einstellung zum Leben und unserem Lebensstil und
❖ noch nachhaltiger von unserem Glauben an Jesus Christus und unserer an seinen Worten und der Bibel orientierten Lebensführung.

»Herr, ich traue auf dich, lass mich nimmermehr zuschanden werden. Errette mich durch deine Gerechtigkeit und hilf mir heraus, neige deine Ohren zu mir und hilf mir! Sei mir ein starker Hort, dahin ich immer fliehen kann, der du zugesagt hast, mir zu helfen; denn du bist mein Fels und meine Burg. Mein Gott, hilf mir aus der Hand des Gottlosen, aus der Hand des Ungerechten und Tyrannen. Denn du bist meine Zuversicht, Herr, mein Gott, meine Hoffnung von meiner Jugend an. Auf dich habe ich mich verlassen vom Mutterleib an; du hast mich aus meiner Mutter Leibe gezogen. Dich rühme ich immerdar. Ich bin für viele wie ein Zeichen; aber du bist meine starke Zuversicht. Lass meinen Mund deines Ruhmes und deines Preises voll sein täglich. Verwirf mich nicht in meinem Alter, verlass mich

nicht, wenn ich schwach werde. Denn meine Feinde reden über mich, und die auf mich lauern, beraten sich miteinander und sprechen: Gott hat ihn verlassen; jagt ihm nach und ergreift ihn, denn da ist kein Erretter! Gott, sei nicht ferne von mir; mein Gott, eile, mir zu helfen! Schämen sollen sich und umkommen, die mir feind sind; mit Schimpf und Schande sollen überschüttet werden, die mein Unglück suchen.

Ich aber will immer harren und mehren all deinen Ruhm. Mein Mund soll verkündigen deine Gerechtigkeit, täglich deine Wohltaten, die ich nicht zählen kann. Ich gehe einher in der Kraft Gottes des Herrn; ich preise deine Gerechtigkeit allein. Gott, du hast mich von Jugend auf gelehrt, und noch jetzt verkündige ich deine Wunder. Auch verlass mich nicht, Gott, im Alter, wenn ich grau werde, bis ich deine Macht verkündige Kindeskindern und deine Kraft allen, die noch kommen sollen.

Gott, deine Gerechtigkeit reicht bis zum Himmel; der du große Dinge tust, Gott, wer ist dir gleich? Du lässest mich erfahren viel Angst und Not und machst mich wieder lebendig und holst mich wieder herauf aus den Tiefen der Erde. Du machst mich sehr groß und tröstest mich wieder. So will auch ich dir danken mit Saitenspiel für deine Treue, mein Gott; ich will dir zur Harfe lobsingen, du Heiliger Israels. Meine Lippen und meine Seele, die du erlöst hast, sollen fröhlich sein und dir lobsingen. Auch meine Zunge soll täglich reden von deiner Gerechtigkeit; denn zu Schmach und Schande werden, die mein Unglück suchen« (Psalm 71).

O Gott, du frommer Gott, du Brunnquell guter Gaben, ohn den nichts ist, was ist, von dem wir alles haben: Gesunden Leib gib mir und dass in solchem Leib ein unverletzte Seele und rein Gewissen bleib.

Gib, dass ich tu mit Fleiß, was mir zu tun gebühret, wozu mich dein Befehl in meinem Stande führet. Gib, dass ich's tue bald, zu der Zeit, da ich soll, und wenn ich's tu, so gib, dass es gerate wohl.

Soll ich auf dieser Welt mein Leben höher bringen, durch manchen sauren Tritt hindurch ins Alter dringen, so gib Geduld; vor Sünd und Schanden mich bewahr, auf dass ich mit Ehren trag all meine grauen Haar.
Johann Heermann (1585–1647)

»Ich mag mein Alter!« Das konnte ich nicht immer sagen. Als ich noch nicht zur Schule ging, wollte ich älter sein, um endlich den Kindergarten mit der Schule tauschen zu können. Dann kam die Zeit, da dachte ich immer wieder: Wäre doch endlich die Schule vorbei, dass ich meinen geliebten Beruf erlernen – ich wollte Innenarchitekt werden – und mein erstes eigenes Geld verdienen könnte. Als ich dann die Lehre als Bau- und Möbelschreiner mit der Gesellenprüfung abgeschlossen hatte und mein erstes Geld verdiente, kam es ganz anders, als ich es mir ausgedacht hatte. Ich fing nochmals an und drückte die »Schulbank«. Statt Innenarchitektur zu studieren, begann ich mit dem Theologiestudium, denn inzwischen hatte ich mein Leben Jesus Christus anvertraut, und Brüder und Schwestern der Kirchengemeinde, in der ich ein geistliches Zuhause fand, fragten mich, ob ich nicht Pastor werden wolle.

Nach längerem Beten, reiflichem Überlegen und manchen Gesprächen mit Menschen meines Vertrauens entschied ich mich für diesen Weg. So ging es weiter mit dem Denken: »Wenn du doch endlich deine Examen hinter dir hättest und als Pastor in einer Gemeinde wärst. Wenn du doch ...« Dieses Denken hat mich lange Zeit begleitet. Aber vielleicht ging oder geht es Ihnen ja ganz ähnlich. Wie viele Pläne hat man doch im Leben gemacht. Als Kind hatte man seine Wünsche und Sehnsüchte, als Jugendlicher setzte man sich Ziele, als junger Erwachsener wollte man seine Vorhaben verwirklichen. Im Berufsleben, in der Ehe, im persönlichen Bereich: Pläne, Pläne, Pläne ...

Heute, nachdem ich die 80 Jahre überschritten habe, schaue ich auf diese Lebensphasen zurück. Es ging nicht alles glatt, so wie gewünscht, von Gott erbeten. Es gab Umwege, falsche Wege, Irrwege und auch Sackgassen. Und doch: Ich kam immer wieder – durch Gottes Freundlichkeit und Güte und durch Gehorsam seinem Wort und Geist gegenüber auf den Weg des Lebens, der zur Ewigkeit führt, zurück. Durch Umbruch ebenso wie durch Zerbruch kam es immer wieder zu einem neuen Aufbruch. (Mehr darüber können Sie in meinem Buch »Bist du noch bei Trost? – Mut auf schweren Wegen« lesen, media Kern, Bestell-Nr. 5.121.614.)

»Ich mag mein Alter!« Heute kann ich diesen Satz dankbar und zufrieden sprechen. Das hängt wohl damit zusammen, dass es in meinem Leben nicht wenige Lebenslagen gegeben hat – und bis heute gibt –, in denen ich das Loslassen üben musste und muss. Es war und ist nicht immer leicht, diesen Übergang vom Aufbegehren über die Auseinandersetzung und dem inneren Verhandeln – diesen vielen Selbstgesprächen – bis zur Aussöhnung mit Gott und der Welt und mit mir selbst und damit zur inneren Gelassenheit zu finden. Deshalb will das Loslassen immer wieder neu geübt sein, obwohl man noch am Alten zu lernen hat. Loslassen ist ein Sich-Verlassen! Ich habe mich ausgiebig mit meinen Fragen, dem Warum ebenso wie dem Wozu, dem Wenn ebenso wie dem Aber, auch dem »Hätte ich doch ...« beschäftigt, ja »zusammengesetzt«, um mich damit »auseinanderzusetzen«. Ich habe losgelassen und bin damit weggekommen vom Drehen um mich selbst und um mein Sorgen und mein Grämen und meine Ängste. Mittelpunkt wurde wieder Jesus Christus und sein Wort. Das Rotieren hat aufgehört. Ich erlebe wieder ganz konkret: Wer sich auf Jesus verlässt, auf ihn sich einlässt, ist nicht verlassen. Damit mich nicht jemand falsch versteht: Das heißt nun nicht, dass meine Wünsche und Gebete alle in Erfüllung gehen. Aber es heißt: Auf Jesus Christus ist Verlass! Um das zu erleben, gilt es immer wieder neu, sich auf das Wagnis des Vertrauens seinem Wort gegenüber einzulassen, so wie es Gott Josua zugesagt hat: »*Habe ich dir nicht geboten: Sei getrost und unverzagt? Lass dir nicht grauen und entsetze dich nicht; denn der Herr, dein Gott, ist mit dir in allem, was du tun wirst*« (Josua 1,9). Diese Zusage hat eine Bedingung, die steht im Vers zuvor: »*Lass das Buch dieses Gesetzes nicht von deinem Munde kommen, sondern betrachte es Tag und Nacht, dass du hältst und tust in allen Dingen nach dem, was darin geschrieben steht. Dann wird es dir auf deinen Wegen gelingen, und du wirst es recht ausrichten«* (Josua 1,8). Neues Land kann man nur einnehmen, wenn man bereit ist, altes zu verlassen! Erasmus von Rotterdamm hat es einmal so formuliert: *»Wie oft schaut der Wille durchs Fenster, ehe die Tat durchs Tor geht.«* Es kommt also auf die Entscheidung an, das als richtig Erkannte in die Tat umzusetzen; dann beginnt Neues! Oder mit anderen Worten: Ändere deinen Standpunkt und du bekommst eine neue Perspektive! Und dann geh!

Ein Beispiel verdeutlicht das: Um die Jahrhundertwende – so wird berichtet – waren zwei Schuhverkäufer in Afrika. Der eine stellte fest: »Die Menschen tragen hier keine Schuhe. Das ist kein Markt für mich.« Der andere kam zu dem Schluss: »Die Menschen tragen hier noch keine Schuhe. Das ist der Markt für mich!« Es kommt also ganz auf die Sicht der Dinge an. Sie gibt die Perspektive. Ich habe mich entschlossen, das »i. R.« nicht nur als »im Ruhestand« zu verstehen, sondern auch als »in Reichweite«, also mich von Jesus, meinem Heiland und Herrn, gebrauchen zu lassen nach dem Maß der Kräfte, die je nach Tagesform da sind. Nicht mehr ängstlich, situationsbezogen, sondern zuversichtlich, verheißungsbezogen denkend, versuche ich, jeden neuen Tag zu leben und zu bewältigen, das Land, das vor mir liegt, einzunehmen. Ich erlebe dabei viel Überraschendes. Da ist keine Langeweile, aber auch kein Überfordertsein der noch vorhandenen Kräfte. Zwar ist das Alte nicht mehr »in«, wie man heute sagt, doch entdecke ich so viel Neues, z. B. dass Beten, Loben und Anbetung, Dank, Bitte und Fürbitte »an sich« schon Arbeit ist. Sie kann nur diszipliniert getan werden. Ich nehme mir bewusst Zeit dafür. Dabei erfahre ich, wie mein Leben eine ganz neue Qualität bekommt. Das macht tatsächlich getrost und zuversichtlich. Ich erlebe, was Jochen Klepper (1903–1942) in seinem Lied so ausdrückt:

Ja, ich will euch tragen bis zum Alter hin, und ihr sollt einst sagen, dass ich gnädig bin.

Ihr sollt nicht ergrauen, ohne dass ich's weiß, müsst dem Vater trauen, Kinder sein als Greis.

Ist mein Wort gegeben, will ich es auch tun, will euch milde heben: Ihr dürft stille ruhn.

Stets will ich euch tragen recht nach Retterart. Wer sah mich versagen, wo gebetet ward?

Denkt der vor'gen Zeiten, wie, der Väter Schar voller Huld zu leiten, ich am Werke war.

Denkt der frühern Jahre, wie auf eurem Pfad euch der Wunderbare immer noch genaht.

Lasst nun eure Fragen. Hilfe ist genug. Ja, ich will euch tragen, wie ich immer trug.

»Ich mag mein Alter!« – Alt werden ist in der Tat ein relativer Begriff. Das kalendarische Alter, am Geburtstag abzulesen, sagt nichts darüber aus, wie alt wir uns fühlen. Unsere Anpassungsfähigkeit an die Menschen, mit denen wir leben, bestimmt unser Sozialalter. Die von Mensch zu Mensch unterschiedliche Regenerationsfähigkeit der körperlichen, seelischen und geistigen Kräfte macht das biologische Alter aus. Die Auffassungs- und Erlebnisfähigkeit, die freilich weitgehend von unserer gesundheitlichen Verfassung abhängt, charakterisiert das psychologische Alter. Erst das Zusammenspiel dieser vier Faktoren ist unsere Lebenswirklichkeit.

Auch im Älter- und Altwerden befinden wir uns in einem Wandlungsprozess. Gewiss, darin ist beides enthalten: Nachlassen der Kräfte, aber auch Reifung, also Verlust und Gewinn. Es wird problematisch, wenn man sich nur auf den Verlust konzentriert und nicht auch den Gewinn dankbar zur Kenntnis nimmt, sich also bewusst in eine positive Einstellung dem Alter gegenüber einübt.

Verlust kann auch Gewinn sein, z. B. das Freiwerden von Illusionen, das Geduldigerwerden, das Verzichten lernen, bewusster leben – und dadurch dankbarer und intensiver. Dieses Umdenken, Neudenken und sich neu verhalten stellt sich nicht von selbst ein. Es will täglich geübt sein als Herausforderung, nicht als Überforderung. Dann wird es zur Bereicherung unserer Lebensqualität. Gewiss, es gehören Mut und Demut dazu, unsere gesetzten Grenzen anzuerkennen und anzunehmen. Aber ist das nicht gerade auch Reichtum des Lebens im Alter?!

»Ich mag mein Alter!« Diese Einstellung resultiert aus dem Ja zu meinem Leben mit seinen verschiedenen Schattierungen. Die Erkenntnis ist im Laufe meines Lebens herangereift: Im Ja zum Willen Gottes liegt die

Kraft zum Überwinden! Diese Gewissheit ist Voraussetzung, um dem Leben in seinen verschiedenen Phasen Sinn abzugewinnen und es dadurch lebenswert zu erhalten. Von Martin Buber ist das Wort: »*Altsein ist ein herrlich Ding, wenn man nicht verlernt hat, was anfangen heißt!*« Altwerden ist letztlich eine Frage nach dem Sinn des Lebens. Viele leiden am Älterwerden, weil sie für sich darauf keine sie befriedigende und damit sie befriedende Antwort gefunden haben. Heißt das nicht, eine falsche Einstellung zum Leben haben? Wenn der Sinn des Lebens ausschließlich darin besteht, dass man arbeitet, um vorwärtszukommen, um Geld zu verdienen, um Ansehen und Einfluss zu haben, sich etwas leisten zu können ..., dann verliert das Leben natürlich mit dem Älterwerden seinen Sinn, denn meistens lässt die Kraft nach, die Zeit der Höchstleistungen ist vorbei. Heißt das aber zugleich, keine Pläne mehr haben, keine Zukunft? Nein, denke ich! Tatsächlich bietet das Älterwerden die Möglichkeit, sich nicht mehr verplanen zu lassen. Aber gleichzeitig ist die Notwendigkeit unübersehbar, selbst Pläne aufzustellen als Teil eines neuen Lebenskonzeptes. Wer dies versäumt, der geht in die folgenden Jahre ohne rechtes Ziel. Wie will ich aber den Weg finden, wenn ich das Ziel gar nicht kenne?

Auch im Älterwerden können, ja sollen sich die Gedanken auf die Zukunft richten und nicht nur zurück mit der Frage: Was habe ich erreicht? Oder: Was habe ich nicht mehr? Es gilt auch zu fragen: Was will, was kann ich noch erreichen; wo will, wo kann ich hin!

Es mag Zeiten geben – die gab es aber auch schon, als wir noch jünger waren –, da wir den Eindruck haben: Das Leben zerrinnt uns wie Sand zwischen den Fingern. Die Stunden, Tage, Wochen, Monate, Jahre gehören schneller als in jungen Jahren der Vergangenheit an. Daher wird unsere Zeit noch kostbarer, und unser Leben, das ist ja unsere Zeit, will daher dankbar gelebt und somit erfüllte Zeit sein. Wir wissen jetzt auch, dass manches sich wichtig macht, Zeit beansprucht, was letztlich unwichtig ist. Die Werteskala hat sich verändert. Wir müssen also neue Prioritäten setzen. Dafür ist es nie zu spät. Unser Planen muss sich an dem orientieren, was uns jetzt wichtig und wertvoll erscheint. Darin sollen wir die Erfahrungen und Erkenntnisse unseres bisherigen Lebens unterbringen. Und dieses Planen soll unseren jetzigen leiblichen und geistigen wie geistlichen Gegebenheiten und Möglichkeiten Rechnung tragen. Wir können also nochmals neue Schwerpunkte setzen. Wie gut, dass wir neu anfangen können! Aus den negativen Erfahrungen meines Lebens hat sich für mich ein bereits erwähntes Motto entwickelt, das seine Bewährungsproben bereits bestanden hat: *Fange nie an aufzuhören; höre nie auf anzufangen;* weil Gott nie aufhört, mit dir anzufangen!

Was wir jetzt tun, ist ausschlaggebend für die kommende Zeit. Darum: Beziehen wir ganz bewusst den Willen Gottes, wie er uns z. B. in den Zehn Geboten gegeben ist (2. Mose 20,1–17), in unsere neue weitere Lebensplanung ein; realisieren wir, was wir im *Vater-*

unser (Matthäus 6,9–13) beten; lassen wir uns von der Bergpredigt (Matthäus 5–7) inspirieren, vom Gebot der Liebe (Johannes 13,34.35; 15,9ff), wie es uns in 1. Korinther 13 erklärt wird, motivieren, dann haben wir auch später unsere – einmal ganz profan ausgedrückt – »Erfolgserlebnisse«, dann finden wir Erfüllung und Zufriedenheit. Die Anstöße dazu sind hiermit gegeben. Das Umsetzen kann uns nichts und niemand anders abnehmen. Die Mühe der Erarbeitung müssen wir uns schon selbst machen. Aber wir bekommen ganz entscheidende Hilfen vom Wort Gottes durch den Heiligen Geist und durch Erfahrungen anderer, die ihr Leben auch anhand des Wortes Gottes gestalten und gestaltet haben, die Jesus Christus und seinen wegweisenden Worten vertraut haben.

»Ich mag mein Alter!« Dass ich das heute sagen kann, hat seinen Grund in der bereits erwähnten Entscheidung, die ich vor über 60 Jahren getroffen habe. Damals wurde ich durch Gottes Wort und Geist angesprochen und ich bin dem Ruf Jesu nachgekommen: »*Folge mir nach!*« (Matthäus 4,19). Damit fing ein Neues in meinem Leben an. Dieser Prozess ist bis heute nicht abgeschlossen. Er hat sich vielmehr verdichtet, sodass heute die Werte meines Christseins für mich deutlicher erlebbar sind als am Anfang meiner Jesusnachfolge. Der Glaube, das Vertrauen in Jesus Christus hat meine Persönlichkeit profilierende Wandlungen ebenso durchlaufen wie Krisen, froh machende Erfahrungen ebenso wie Anfechtungen und Prüfungen, Bewährungsproben ebenso wie Bewahrungen, Siege ebenso wie Niederlagen, Freuden ebenso wie Kummer und Leid und Leiden. Doch Gott hat immer sein Wort gehalten, das am Anfang meiner Jesus-Nachfolge steht: *»Habe ich dir nicht geboten: Sei getrost und unverzagt? Lass dir nicht grauen und entsetze dich nicht; denn der Herr, dein Gott, ist mit dir in allem, was du tun wirst«* (Josua 1,9). Durch diesen Zuspruch Gottes, der zugleich ein Anspruch an mein Vertrauen zu ihm ist, ist Halt in mein Leben gekommen, der bisher gehalten hat, was Gott in Jesus Christus mir zugesagt hat. Ich kann heute viel bewusster für mich in Anspruch nehmen, was es heißt, aus Gnaden errettet zu sein, Vergebung meiner Lebensschuld zu haben, Kind Gottes und damit Erbe des ewigen Lebens zu sein – und das alles habe ich geschenkt bekommen. Doch dieses Geschenk muss man annehmen und sich dessen immer wieder, wenn es einem fraglich werden will, kindlich dankbar bewusst machen und bewusst werden, also auch bewahren. Das ist eine Zukunftsperspektive, auf die hin zu leben sich wirklich lohnt. Da werden alle anderen Dinge, die sich in den Vordergrund drängen wollen, zweitrangig. Durchs Loslassen bin ich gelassener geworden. Es stimmt, was Gott zusagt: *»Auch bis in euer Alter bin ich derselbe, und ich will euch tragen, bis ihr grau werdet. Ich habe es getan; ich will heben und tragen und erretten«* (Jesaja 46,4).

Fanny Crosby (1820–1915) hat es in ihrem Lied so ausdrückt:

Gott wird dich tragen, drum sei nicht verzagt, treu ist der Hüter, der über dir wacht. Stark ist der Arm, der dein Leben gelenkt, Gott ist ein Gott, der der Seinen gedenkt. Gott wird dich tragen mit Händen so lind. Er hat dich lieb wie ein Vater sein Kind. Das steht im Glauben wie Felsen so fest: Gott ist ein Gott, der uns nimmer verlässt.

Gott wird dich tragen, wenn einsam du gehst; Gott wird dich hören, wenn weinend du flehst. Glaub es, wie bang dir der Morgen auch graut, Gott ist ein Gott, dem man kühnlich vertraut. Gott wird dich tragen ...

Gott wird dich tragen durch Tage der Not; Gott wird dir beistehn in Alter und Tod. Fest steht das Wort, ob auch alles zerstäubt, Gott ist ein Gott, der in Ewigkeit bleibt. Gott wird dich tragen ...

August

»Geh aus, mein Herz und suche Freud ...«
– eine Motivation zur Freude

Geh aus, mein Herz, und suche Freud in dieser lieben Sommerszeit an deines Gottes Gaben; schau an der schönen Gärten Zier und siehe, wie sie mir und dir sich ausgeschmücket haben!

Die Bäume stehen voller Laub, das Erdreich decket seinen Staub mit einem grünen Kleide; Narzissen und die Tulipan, die ziehen sich viel schöner an als Salomonis Seide.

Die Lerche schwingt sich in die Luft, das Täublein fliegt aus seiner Kluft und macht sich in die Wälder; die hochbegabte Nachtigall ergötzt und füllt mit ihrem Schall Berg, Hügel, Tal und Felder.

Ein Lied von Paul Gerhardt, so recht für diese Sommerzeit geschrieben. Paul Gerhardt – auch der »Psalmist der Christenheit« genannt – lebte von 1607 bis 1676 und hat uns über 130 Lieder hinterlassen. Er schrieb sie mitten im Leben, denn er kannte die Lebenslagen der Freude, der Zuversicht und Glaubensgewissheit, des Versorgtseins, des Gestärkt- und Getröstetwerdens ebenso wie die Lebenslagen des Bedrücktseins und der Einsamkeit, der Anfechtung und des Zweifels, der Mutlosigkeit und der körperlich-nervlichen Schwäche, der Not und der Traurigkeit; drei Kinder und seine Frau musste er begraben. Mitten in seiner Betroffenheit ermutigte er sich selbst mit seinen eigenen Liedern. Er führte sozusagen heilsame Selbstgespräche, sprach mit seinem eigenen Herzen und forderte es auf: »*Geh aus, mein Herz ...*« Geh aus deiner Verzagtheit, deiner Resignation, deiner Niedergeschlagenheit. »*Geh!*« – setz dich in Bewegung, verlass das Gefängnis deines Sorgens, deiner Traurigkeit deiner Einsamkeit und deines Klagens. »*Geh aus, mein Herz, und suche Freud ... schau an ... und siehe ...*«

Das ist eine Ermutigung zum Blickwechsel. Für einen Blickwechsel darf man beten, man sollte ihn aber auch wollen! Denn man braucht geöffnete Augen, um neue Einsichten, eine neue Sicht seines Lebens zu gewinnen. Weg vom Alten, das so oft gefangen nehmen und bedrücken, entmutigen und unzufrieden machen will, hin zu einer neuen Lebenssicht, einem neuen Lebensabschnitt. Wer seinen alten Standpunkt verlässt, bekommt für sein Leben neue Perspektiven. Dem Umdenken folgt ein Neudenken, ein sich Freuen, ja sogar ein Dankbarwerden.

Paul Gerhardt hilft uns dabei mit seinem Lied, wenn er uns ermutigt:

Ich selber kann und mag nicht ruhn, des großen Gottes großes Tun erweckt mir alle Sinnen; ich singe mit, wenn alles singt, und lasse, was dem Höchsten klingt, aus meinem Herzen rinnen.

Ach, denk ich, bist du hier so schön, und lässt du's uns so lieblich gehn auf dieser armen Erden; was will doch wohl nach dieser Welt dort in dem reichen Himmelszelt und güldnen Schlosse werden!

Welch hohe Lust, welch heller Schein wird wohl in Christi Garten sein! Wie muss es da wohl klingen, da so viel tausend Seraphim mit unverdrossnem Mund und Stimm ihr Halleluja singen!

O wär ich da! O stünd ich schon, ach reicher Gott, vor deinem Thron und trüge meine Palmen, so wollt ich nach der Engel Weis erhöhen deines Namens Preis mit tausend schönen Psalmen.

Hilf mir und segne meinen Geist mit Segen, der vom Himmel fleußt, dass ich dir stetig blühe; gib, dass der Sommer deiner Gnad in meiner Seele früh und spat viel Glaubensfrüchte ziehe.

Sich freuen! Wie macht man das: jemand zu sein, der sich freut? Es geht dabei gar nicht um die großen Dinge des Lebens, sondern um die geöffneten Augen für die kleinen Dinge, wie Paul Gerhardt sagt: *»schau an ... und siehe!«* Es geht darum, die vielen Wohltaten unseres Alltags zur Kenntnis zu nehmen, sie zu sehen. Eine Hilfe, sich dieser Wohltaten bewusst zu werden, kann das ABC sein, an dem wir uns orientieren, wenn wir Gründe zum Freuen suchen; z. B. in der Natur:

A – Freude an der Amsel mit ihrem Gesang;

B – Freude am Bergbach mit seinem Geplätscher;

C – Freude an Chrysanthemen mit ihrer Blütenpracht;

D – Freude an Dahlien mit ihrer Farbenpracht;

E – Freude am Erwachen eines neuen Tages:

F – Freude an den Früchten des Feldes;
Eine andere Möglichkeit unseren Alltag betreffend ist:
A – Die Freude am Aufstehen.
B – Die Freude am sich Bewegen können.
C – Die Freude am Cappuccino.
D – Die Freude am positiven, Gott vertrauenden Denken.
E – Die Freude an guten Erinnerungen.
F – Die Freude am Frühstück.
Eine ganz wesentliche Freude ist die Freude am Wort Gottes:
A – »Aber das ist meine Freude, dass ich mich zu Gott halte und meine Zuversicht setze auf den Herrn...« (Psalm 73,28).
B – »Dass meine Freude in euch bleibe« (Johannes 15,11).
C – »Christus spricht: Eure Traurigkeit soll zur Freude werden« (Johannes 16,20).
D – »Die Freude am Herrn ist eure Stärke« (Nehemia 8,10).
E – »Eure Freude soll niemand von euch nehmen« (Johannes 16,22).
F – »Freut euch in dem Herrn allewege« (Philipper 4,4).

Ich ermutige Sie ganz herzlich, sich doch einmal in diesen Tagen auf eine Entdeckungsreise zu begeben durch Ihr Leben, um nach Gründen zu suchen, die für Sie Anlass sind, sich zu freuen. Schreiben Sie Ihr eigenes *»Freude-ABC«*; wenn möglich, jeden Tag zehn andere Gründe zum Freuen! Sie werden erleben, wie wohl es tut, wenn Sie über dem Nachdenken zur Freude zum

Danken kommen. Jesus schenke Ihnen für Ihr Wollen sein Vollbringen!

Freude bedeutet für unseren Geist und unsere Seele dasselbe, was Vitamine für unseren Körper ausmachen. Freude ist heilsamer Medizin vergleichbar. Unser ganzer Mensch – Geist, Seele und Körper – sehnt sich danach und profitiert von ihr. Denn *»die Seele ernährt sich von dem, an dem sie sich freut«* (Augustinus). Deshalb stimmt, was wir in der Bibel lesen: *»Die Freude am Herrn ist eure Stärke«* (Nehemia 8,10). Die Autoren der Bibel schreiben an vielen Stellen davon. Ihre Impulse können für uns inspirierend und motivierend sein. Ein paar will ich etwas ausführlicher nennen:

❖ Ein erster Gedanke: *Ich will mich freuen!*

Obwohl man sich zur Freude nicht zwingen kann, ist es möglich, Voraussetzungen für ihren Empfang im eigenen Leben zu schaffen. Dazu gehört die Bereitschaft, sich freuen zu wollen und das sich Verabschieden von einer Haltung, die alles selbstverständlich für sich in Anspruch nimmt. Eine neue Gesinnung ist also Grundvoraussetzung, dass Freude sich im Leben wohltuend verwirklichen kann. Man kann sich nämlich in eine Lebenshaltung verlieben, die abseits aller Lebensfreude ihr Dasein fristet. Doch weil Gott will, dass wir uns freuen, haben wir die Freiheit, es zu tun. Der tiefste Grund der Freude ist das Kommen Jesu in unsere Welt. Er eröffnet uns mit seiner Botschaft, dass Gott uns liebt, eine völlig neue Perspektive für ein sinnvolles und damit reiches Leben. Denn die Freude an Gott hat verwandelnde Kraft für das Leben. Um es zu erleben, gehört ein Entschluss dazu. Wir können mit dem Propheten Habakuk sprechen und es auch tun, denn erst, wenn man es tut, erlebt man es: *»Aber ich will mich freuen des Herrn und fröhlich sein in Gott, meinem Heil«* (Habakuk 3,18).

❖ Ein zweiter Gedanke: *Ich freue mich, dass ich bin!*
Diese Überzeugung ist nicht gleichzusetzen mit: *»Immer fröhlich, immer fröhlich, alle Tage Sonnenschein ...«*; auch nicht mit der Haltung: *»immer nur lächeln, immer vergnügt ... doch wie's da drinnen aussieht, geht niemand was an.«*

»Ich freue mich, dass ich bin!«, ist die bewusste Absage an das Summieren negativer Gedanken und Gefühle. Es ist das bewusste Ja zu meinem Leben mit seinen verschiedenen Schattierungen; ein Ja zu meiner gottgewollten Persönlichkeit. Aus dem dankbaren sich selbst Annehmen und Bejahen erwächst die Freude am Leben und die Befreiung zum Leben. Daran erinnert uns der Psalmist, wenn er sagt: *»Ich danke dir, dass ich wunderbar gemacht bin«* (Psalm 139,14).

❖ Ein dritter Gedanke: *Ich freue mich heute!*
Diese Einstellung resultiert aus der Erfahrung, dass ich die Chance, im Heute zu leben, nur heute habe. Viele verlagern ihre Freude in die Zukunft. Sie versäumen sie damit im Heute. Sie sagen fälschlicherweise: »Wenn das geschafft ist, dann ...« So nippen sie nur an dem, was heute ihr Leben reich und froh machen will. Aus Angst, etwas zu versäumen, eilen sie hektisch von Event zu Event und warten auf die Freude von Morgen. Dabei

gehen sie an der Freude, die jeder Tag für sie beinhaltet, vorüber. Viele trauern aber auch der Vergangenheit nach, dem »Hätte ich doch ...«. Sie legen sich damit selbst Fesseln an und sind damit nicht frei zum Empfang neuer Freude im Heute. Weil jeder Tag seine eigene Freude hat, machen sie sich selbst ärmer. Tränen, die der Vergangenheit nachgeweint werden, verdunkeln den Blick in die Zukunft. Im Heute bewusst leben, bringt dagegen ein ganz neues Erleben. Das Dasein wird umfassender, tiefgründiger, denn Freude gehört zum Glück des Lebens. Daran erinnert uns der Psalmist: *»Dies ist der Tag, den der Herr macht; lasst uns freuen und fröhlich an ihm sein«* (Psalm 118,24).

❖ Ein vierter Gedanke: *Ich freue mich über die kleinen Dinge!*

Wer dies täglich übt, dessen Leben erfährt eine tiefgehende Bereicherung. Es ist ein Zeichen großer innerer Verarmung, wenn Menschen immer mehr anschaffen müssen und doch keine Freude und Zufriedenheit in ihrem Herzen da ist oder wenn sie zu Ersatzmitteln greifen, wie es in einem Lied von Eleonore Fürstin von Reuß (1835–1903) heißt:

Ich bin durch die Welt gegangen und die Welt ist schön und groß, und doch ziehet mein Verlangen mich weit von der Erde los.

Ich habe die Menschen gesehen, und sie suchen spät und früh, sie schaffen, sie kommen und gehen, und ihr Leben ist Arbeit und Müh.

Sie suchen, was sie nicht finden in Liebe und Ehre und Glück und sie kommen, belastet mit Sünden und unbefriedigt zurück.

Es ist eine Ruh vorhanden für das arme, müde Herz; sagt es laut in allen Landen: Hier ist gestillet der Schmerz.

Es ist eine Ruh gefunden für alle, fern und nah; in des Gotteslammes Wunden am Kreuze von Golgatha.

Freude fängt beim Einfachsten an. Sich freuen über ein Lächeln, ein aufmunterndes Wort, ein Strahlen der Augen, einen Kartengruß, einen Anruf, eine Mail, einen Besuch … Freude an der Natur, den Blumen, dem See, der Lerche, dem Schmetterling, dem Trommeln der Regentropfen … Sich freuen an einem tapferen Menschen, einer guten Tat, an Opferbereitschaft … Sich freuen, ein Dach über dem Kopf zu haben, mit Essen und Trinken versorgt zu sein, einen Arzt in der Nähe zu haben …

Wer sich heute freuen will, soll nichts für selbstverständlich nehmen. So werden gerade auch die kleinen Dinge im Leben wertvoll. Freude ist mehr als Genuss und Vergnügen. Sie steigt aus der Tiefe eines Gott vertrauenden Denkens auf und sie strahlt weit über den Augenblick hinaus. Dieses Denken ist ganz eng mit dem Danken verbunden. Wer bewusst lebt, lebt intensiver. Wer intensiv lebt, lebt freudiger und dankbarer! Wenn die Freude an Gott der Cantus Firmus ist, dann darf die Freude an den Dingen als Kontrapunkt fröhlich erklingen. So wird das Leben in seiner Ganzheit Gottes Ehre verherrlichen und Menschen zum Segen sein. Darum

ermutigt uns der Psalmist mit seinem Entschluss: »*Ich will den Herrn loben und nie vergessen, wie viel Gutes er mir getan hat*« (Psalm 103,2; Hoffnung für Alle, 2015).
❖ Ein fünfter Gedanke: *Freude gewinnt, wer Freude bereitet!*

Das ist eine uralte und immer wieder neue Erfahrung: Nur wer den Mut aufbringt, Freude zu bereiten, sie zu schenken, erfährt Bereicherung seines eigenen Lebens. Er wird dadurch keineswegs ärmer! Denn wer nur haben will, bleibt mit sich selbst allein. Es gilt: *Mach dich reich, gib dich ab!* Dazu bedarf es keiner dicken Brieftasche. Nötig sind Liebe und Fantasie, offene Augen und Ohren, ein wacher Verstand und Mitgefühl. Wer Leid mitträgt, macht die Last des anderen leichter. Wer Zeit erübrigt für Geplagte, Umgetriebene und Einsame, hilft ihnen, nicht am Leben zu verzagen. Eine helfende Tat schenkt neue Hoffnung und Zuversicht; ein verständnisvolles, freundliches Wort kann einen sonst verpfuschten Tag retten, ja, ein ganzes Leben ändern; ein wohlwollendes Entgegenkommen baut Vorurteile ab und baut dafür Brücken zueinander; ein ruhiges Sprechen mit Ungeduldigen und Lästigen verhindert Ärger und vermittelt dem Gegenüber das Wissen darum, dass man sich bemüht, es zu verstehen; jemanden einladen, der einsam ist, kann zu einem Höhepunkt in dessen tristem Alltag werden. Darum: Freu dich nicht nur, dass du selbst geliebt wirst, sondern dass du lieben kannst! Daher: »*Trage bei zu andrer Glück, denn die Freude, die wir geben, kehrt ins eigne Herz zurück!*« Freude schenken bereichert die Qualität des eigenen Lebens. Wer anderen nicht zur Freude wird, wird sich selbst zur Last! Es stimmt: *»Der hat sein Leben am besten verbracht, der die meisten Menschen hat froh gemacht!«* (Don Bosco, 1815–1888). Darum sollen wir den Worten des Apostels Paulus folgen, wenn er schreibt: *»Alle Menschen sollen eure Güte und Freundlichkeit erfahren«* (Philipper 4,5).

❖ Und noch ein sechster Gedanke: *Ich freue mich auf die Ewigkeit!*

Der Blick auf dieses Ziel gibt immer wieder die Kraft und den Mut, den Weg dorthin getrost und zuversichtlich unter die Füße zu nehmen. Ist Ihnen auch schon aufgefallen, dass es im Liedgut unserer Tage kaum Aussagen über dieses Ziel, das Leben in der Ewigkeit gibt? Auch Sterben und Tod werden in der Verkündigung weitgehend ausgeblendet. Damit geht aber dem Glauben das Entscheidende verloren. Denn wenn wir dieses Ziel aus den Augen verlieren, sind wir, wie Paulus im großen Auferstehungskapitel 1. Korinther 15 schreibt, ganz unglückliche Menschen: *»Wenn der Glaube an Christus uns nur für dieses Leben Hoffnung gibt, sind wir die bedauernswertesten unter allen Menschen«* (Vers 19, Hoffnung für Alle, 2015). Denn das wird allein Freude sein, wenn frei von den Belastungen dieses Lebens wir in ungetrübter Gemeinschaft mit Gott, unserem Schöpfer, leben werden. Das ist kein Vertrösten auf ein besseres Jenseits, sondern Ermutigung und echter Trost zur Bewältigung des Diesseits. Lebendige Hoffnung motiviert! Gerade diese Perspektive, die viele Menschen heute total ausblenden, gilt es wieder ins Blickfeld zu bekommen, wenn bereits das Leben hier auf dieser Erde sinnvoll und damit letztlich reich sein soll. Jesus macht uns darauf aufmerksam, wenn er sagt: »*Ich bin gekommen, damit sie das Leben haben und volle Genüge*« (Johannes 10,10), d. h. überfließendes Leben. Wohl dem, der sich Jesus anvertraut und im Glauben für sich in Anspruch nimmt, was der Evangelist Lukas schreibt: »*Freut euch darüber, dass eure Namen im Himmel aufgeschrieben sind!*« (Lukas 10,20, Hoffnung für Alle, 2015).

Ich habe schon öfters erwähnt, dass die Bibel für mich das beste Psychologiebuch ist, weil sie den Menschen durch und durch kennt. Darum jetzt noch einige Gedanken aus ihr zu unserem Thema: »*Geh aus, mein Herz und suche Freud …*«

Vom Grund der Freude schreibt der Apostel Paulus in seinem Brief an die Gemeinde in Philippi, Kapitel 4, Vers 4: »*Freut euch in dem Herrn allewege und abermals sage ich: Freuet euch.*« Diese Freude, die in Jesus Christus begründet ist und von ihm kommt, schenkt uns Geborgenheit, Frieden. Das hat der Apostel Paulus, der diese Ermutigung zur Freude aus dem Gefängnis schreibt, in seinem eigenen Leben erfahren. Und er schreibt das den Menschen, die auch in Bedrängnis leben, die verfolgt werden, sich Sorgen machen, Angst haben, unter Schmerzen leiden, angefochten sind und ihren Lebensweg nicht mehr verstehen. Ihnen sagt er: Trotz dem! Ihr könnt euch freuen! Der Grund: »Freut euch, dass ihr immer in des Herrn Hand geborgen seid.« Der Grund der

Freude liegt also in der Gewissheit, dass Jesus Christus in allen Lebenslagen bei uns ist und bleibt! Das hat er zugesagt: *»Siehe, ich bin bei euch alle Tage ...«* (Matthäus 28,20). Da sind auch die weniger schönen Tage, die uns nicht gefallen, nicht ausgenommen. Diese Gewissheit will uns Getrostsein, Zuversicht und Geborgenheit vermitteln. Es ist eine Gewissheit, die ich mir nicht selbst aus dem Herzen hervorholen kann. Sie ist ein Geschenk des Heiligen Geistes und weil dem so ist, ist sie auch unabhängig von äußeren Umständen und physischer Veranlagung und Verfassung. Das ist etwas ganz Wunderbares: Freude in und von Jesus Christus braucht nicht zu schwinden in Stunden der Anfechtung; Trübsal und Freude schließen sich im Leben eines Menschen, der Jesus gehört und ihn liebt, nicht aus. Sie schließen sich deswegen nicht aus, weil wir auch dann, wenn wir Gottes Wege mit uns nicht verstehen, wissen dürfen: Ich bin immer in des Herrn Hand geborgen!

Wenn die Glaubenshaltung *»In dir ist Freude in allem Leide ..., du der wahre Heiland bist ...«* bezeugt und gelebt wird, bleibt es nicht verborgen. Sie lässt Menschen, die sich auch in schweren Wegführungen befinden, aufhorchen. Deshalb ermutigt Paulus: *»Seid gütig und freundlich zu allen Menschen.«* Also nicht nur denen in Güte und Freundlichkeit sich zuwenden, die mir sympathisch sind. Nein, auch denen, die mir zur Anfechtung werden. Weil Jesus mit seiner Kraft in mir mächtig sein will – und wenn ich ihm das Sagen in meinem Leben einräume, auch ist – lerne ich, auch Menschen, die mir nicht

»liegen«, mit Verständnis und Freundlichkeit zu begegnen; ja, sie sogar in Gedanken zu segnen. Es gehört zum Geheimnis Gottes, dass Freude, die man nicht bereit ist, an andere weiterzugeben, ein Stück Freude ist, die einem selbst verloren geht. Es macht daher unser Leben reich und glücklich, wenn wir bereit sind, die Freude, die wir erfahren, mit anderen zu teilen. Initiator und Motivator dieser Lebenseinstellung ist die Gewissheit, die Paulus so zum Ausdruck bringt: *»Der Herr ist nahe!«* Diese Feststellung ist doppelt zu verstehen. Einmal: Paulus und die Gemeinde in Philippi, die diesen Brief zuerst erhalten hat, rechnen fest damit, dass Jesus bald, das heißt zu ihren Lebzeiten wiederkommt. Eine solche Erwartungshaltung gibt dem gegenwärtigen Augenblick den Ernst. Wenn Jesus bald wiederkommt, dann wird man sich bald für sein Tun und Lassen verantworten müssen; dann kann man anstehende Entscheidungen nicht aufschieben. Wer weiß, ob es morgen noch möglich ist?! Dann muss ich heute Konsequenzen ziehen. Und das andere, das dahinter als Antriebskraft steht: Wenn Jesus nahe ist, dann nimmt das der Gegenwart den Druck. Dann bin ich nämlich geborgen, denn Jesus sagt uns zu: Ich bin und bleibe bei euch in allen Lebenslagen! Alles Schwere und Belastende darf ich dann an ihn im Gebet abgeben. Er trägt mit mir. Wenn ich das glaube und für mich in Anspruch nehme, dass Jesus mir so nahe ist, dann brauche ich mich auch nicht zu »zersorgen«. Darum ermutigt Paulus: *»Macht euch keine Sorgen!«*

Was sind denn Sorgen? Sorgen entstehen doch aufgrund des Versuches, unser Schicksal selbst in die Hand zu nehmen, in eigener Regie unser Leben zu gestalten; selbstherrlich über unsere Zukunft zu verfügen. Sorge ist eigentlich immer Angst vor dem Morgen, dem Kommenden, es nicht im Griff zu haben. Die Gewissheit, immer in des Herrn Hand geborgen zu sein, hilft uns, dass immer wieder Frieden und Freude, Geborgenheit und Zuversicht in unser Herz einziehen können. Denn Jesus ist immer gegenwärtig und auch Herr der Zukunft, also auch das Morgen ist in seiner Hand. In Gemeinschaft mit ihm darf unser Sorgen zur Ruhe kommen. Er ist der Herr. Stärker als er ist die Not nicht. In diesem Vertrauen sollen sich Menschen, die Jesus ihr Leben anvertraut haben, keine Sorgen machen, sondern beten. Sorgen und Beten lassen sich auf die Dauer nicht miteinander vereinbaren. Wenn ich im Gespräch mit Jesus bin, darf ich mein Sorgen und Grämen an ihn abgeben. So wie es Paul Gerhardt in einem seiner bekanntesten Lieder sagt: »*Mit Sorgen und mit Grämen und mit selbst eigner Pein, lässt Gott sich gar nichts nehmen, es muss erbeten sein!*« Denn Gott hat zugesagt, für uns zu sorgen. Er hält Wort! Darauf ist Verlass! Deswegen der Hinweis des Apostels Paulus: »*Lasst eure Bitten im Gebet und Flehen mit Danksagung vor Gott kundwerden!*« (Philipper 4,6). Das ist ein großes, umfassendes Entlastungs- und Entsorgungsangebot. Alles, was uns beschäftigt, was uns umtreibt, unruhig und sorgenvoll machen will, können und sollen wir mit Jesus Christus besprechen und an ihn abgeben. Dabei soll das Danken nicht vergessen werden.

Das ist ganz wesentlich. Wer in seinem Leben das Danken vergisst, steht sich selbst im Weg, er trennt sich von der Quelle, die ein Leben in Geborgenheit schenkt – von Gott. Dankbarkeit bindet an den Geber, an Gott, der bleibt, selbst wenn die Wohltaten der Vergangenheit angehören. In ihm haben wir ein uns liebendes Gegenüber, dem wir alles anvertrauen und zutrauen können. Er hat zugesagt, dass er für uns sorgt, dass er alles recht macht. Dass er uns immer treu bleibt.

Ich mache immer wieder die Erfahrung, wenn ich mich so in meinem Gott vertrauenden Denken verhalte, dass dann Freude, Frieden und Geborgenheit in mir aufkommen. Ich erlebe dann, dass die »Freude an und in Gott meine Stärke ist« (Nehemia 8,10). Gott wird das Erbetene, wenn es mir, dem Bittenden zuträglich ist, in Erfüllung gehen lassen. Dieses Wissen entkrampft, macht getrost, gibt Frieden und Freude und Zuversicht ins Gott vertrauende Denken und dafür kann ich wiederum von Herzen danken. Wer diesbezüglich dankt, steht im Schutz des göttlichen Friedens. Darauf weist Paulus hin: »*Und der Friede Gottes, der höher ist als alle Vernunft, wird eure Herzen und Sinne in Christus Jesus bewahren*« (Philipper 4, 7). Dieser Friede Gottes ist erlebbar. Er legt sich als Geborgenheit wie ein Schutzwall um unser Herz. Er umhüllt uns wie ein Mantel, damit die negativen Gedanken und sorgenvollen Gefühle uns nicht wie eine endlose Spirale in die Traurigkeit nach unten ziehen. Nichts, niemand kann uns aus dieser Geborgenheit reißen, denn Jesus Christus ist unser Bürge dafür, dass er uns festhält. Er will, dass wir uns freuen, getrost, zuversichtlich und dankbar unseren Weg mit ihm zum Ziel hin gehen. Das ist wahrlich ein Grund zur Freude.

September

Merk-würdige Heilige

Gott des Friedens heilge mich, denn ich sehn mich inniglich, als ein neu gebornes Kind frei zu sein von aller Sünd.

Heilge mir Leib, Seel und Geist so, wie's mir dein Wort verheißt; mach mich in Gedanken rein, lass den Wandel heilig sein!

Jesu, leer das Herze aus, komm, bewohn es als dein Haus; da soll niemand Herrscher sein als du, Jesus, nur allein.

Gieße dann die Liebe aus in dem dir geweihten Haus, dass ich ohne Furcht und Pein mög in Liebe völlig sein.

Welch ein Kindesstand, heilig und mit Gott bekannt, täglich in Gemeinschaft schon mit dem Vater und dem Sohn!

Gott zu lieben inniglich und den Nächsten auch wie mich, ist der höchste Gnadenstand, womit Gottes Kind bekannt.«
Philipp Friedrich Hiller (1699–1769)

Gewiss haben Sie schon den Ausspruch gehört, vielleicht sogar selbst gebraucht: »Das ist aber ein merkwürdiger Heiliger« oder: »ein seltsamer Heiliger« oder »ein komischer Heiliger«. Mit diesen Bemerkungen bringt man zum Ausdruck, dass dieser Mensch sich eigenartig verhält. Er hat seine ureigne Art zu denken, zu sprechen, zu handeln, sein Leben zu gestalten. Eine solche Bemerkung kann von besonderer Wertschätzung bis zu totaler Ablehnung gehen.

Über »merk-würdige« Heilige – im wahrsten Sinne des Wortes –, also Menschen, die würdig sind, dass wir uns ihre Namen merken und uns mit ihrem Leben beschäftigen, will ich mit Ihnen nachdenken.

Wer in der Bibel liest, – denn von dort kommt die Bezeichnung »Heilige«, – dem fällt auf, dass in fast allen neutestamentlichen Briefen gleich zu Anfang die Empfänger als »Heilige« angesprochen werden (Römer 1,7, 1. Korinther 6,2; Epheser 1,15; Kolosser 1,12; 1.Thessalonicher 3,13; 2. Timotheus 1,10; Philemon 7; Judas 14). Was sind das für Menschen? »Heilige« sind Menschen, die richtig vor Gott sind, die mit ihm versöhnt sind. Ihre Schuld, ihre Sünde, dass sie ihr Leben eigenwillig, ohne nach Gottes Willen zu fragen und seine Anweisungen zu befolgen, gestaltet haben, ist ihnen vergeben. Sie tragen den Namen ihres Erlösers Jesus Christus und werden daher »Christen« genannt. »Heilige« sind von Gott mit Beschlag belegt. Er hat über ihrem Leben gesprochen: *»Ich habe dich bei deinem Namen gerufen; du bist mein; du bist teuer in meinen Augen und ich habe dich lieb«* (Jesaja 43,1.4). Ich habe dich ausgesondert für ein Leben mit mir und für mich. *»Ihr sollt heilig sein, denn ich bin heilig, der Herr, euer Gott«* (3. Mose 19,2), so hat Gott über diesen Menschen gesprochen. »Heilig« ist, wer zu Gott gehört. Denn er ist der Heilige (1. Mose 28,16ff; 18,27; 2. Mose 20,5; 1. Samuel 2,2; 2. Samuel 6,7; Jesaja 5.16; 6,3; Hosea 11,9). Seine Heiligkeit ist eine Ausstrahlung, die anzieht, ergreift und durchdringt. Alle, die mit ihr in Berührung kommen, werden dadurch geheiligt. Der

Christ kommt dadurch in den Einflussbereich der Lebenskraft des Geistes Gottes, des Heiligen Geistes und des geistgeladenen Wortes Gottes, welches die Quelle dafür ist. Dieser Geist gibt dem an Jesus Christus glaubenden Menschen die Gewissheit, »Kind Gottes« zu sein (Römer 8,16). Dadurch bekommt er Teil am Leben Gottes. Ein Christ hat diesen Heiligen Geist nicht als unverlierbaren Besitz, über den er verfügen könnte. Nein, es ist gut, sich dessen immer bewusst zu sein: der Heilige Geist will über den Christen verfügen. Durch ihn bekommt er einen befreiten Willen, zu leben, wie Gott es will. Ich sagte schon: Christen sind ausgesondert aus dem Reich der Sünde, des Widergöttlichen, des Bösen, der Finsternis und ins Reich Gottes, des Lichtes, des Guten versetzt. Daraus resultiert, dass sie auch »heilig« leben sollen und können. Paulus spricht davon, wenn er an die Thessalonicher schreibt: *»Das ist der Wille Gottes, eure Heiligung«* (1. Thessalonicher 4,3). Es geht also um ein Leben, das Gott im Denken und Fühlen, im Reden und Schweigen, im Agieren und Reagieren wohlgefällt und ihm Ehre bereitet. »Heilig« sein schließt damit die ethisch-moralische Komponente im Leben eines Christen mit ein. Heilige sind Menschen, die sich bewusst willentlich dafür entschieden haben, eine persönliche Beziehung mit Jesus Christus einzugehen, ihm nachzufolgen, seine Anweisungen zu ihrer Lebensgestaltung, wie wir sie in der Bibel finden und wie sie uns der Heilige Geist deutlich macht, zu befolgen. Damit kommt ihnen keine Ehre zu, aber ihrem Herrn Jesus Christus.

»Merk-würdige Heilige« sind vorbildliche Menschen, die würdig sind, dass man sich eingehend mit ihnen und ihrem Leben beschäftigt. Wenn es in der Bibel um *»merk-würdige Heilige«* geht, dann um Menschen, die durch ihr Vorbild uns ermutigen, unseren Glauben in Wort und Tat auch vorbildlich zu leben. Sie sollen Vorbilder sein in einer Gesellschaft, die keine verbindlichen Werte, Maßstäbe, Ideale mehr kennt und lebt. »Heilige« sind allerdings in der Bibel keine Vermittler bzw. Fürsprecher vor Gott für uns Menschen, sondern Nachfolger und Nachfolgerinnen von Jesus Christus, die nach den heilsamen Ordnungen Gottes leben und Jesus Christus als den *»Weg und die Wahrheit und das Leben«* (Johannes 14,6) lieben, anerkennen, ehren und anbeten. Ein Verehrung der Heiligen finden wir in der Bibel nicht. Doch schon bald in den ersten Jahrhunderten des Christentums begannen die Gläubigen diejenigen unter ihnen, die zum Beispiel als Märtyrer starben, besonders zu verehren. Man versammelte sich an ihrem Jahrestag an ihren Gräbern, um ihrer zu gedenken. Zu den Märtyrern kamen im Laufe der Jahrhunderte Mönche und Nonnen, Bekenner und Asketen, Bischöfe und Päpste. Interessant ist, dass wir darunter bis heute kaum Väter und Mütter finden, die ein vorbildliches, aufopferndes Leben geführt haben. Man sah nur die, die sozusagen ihr ganzes Leben »hauptamtlich« in den Dienst der Sache von Gott gestellt haben, sogenannte Eliteleute. Ihre Schattenseiten ignorierte man oft. Man vergaß ganz, was bereits Hiob feststellte: *»Unter seinen Heiligen ist keiner*

ohne Tadel« (Hiob 15,15). Das brachte manche Missverständnisse mit sich.

Dass die Volksfrömmigkeit, vor allem im 15. Jahrhundert, immer mehr Personen verehrte, hing mit dem Gottesbild, das diese Zeit prägte, zusammen. Gott war zu einem unnahbaren, strengen, zornigen, strafenden Herrn und Richter in der Theologie und Verkündigung geworden. Ehrfurcht war in Furcht vor Gott umgeschlagen. Man wurde bestimmt von Heidenangst. Auch das Bild, das man sich von Jesus Christus machte, änderte sich. Aus dem Heiland und Erlöser, dem Bruder und Freund, wurde der Pantokrator, der Allherrscher, der nur noch in der himmlischen Sphäre darauf wartete, die Gläubigen zu richten, und dabei dachte man an Verurteilung und Verdammnis in die Hölle. Der Gott der Gnade und Liebe war fast völlig aus dem Bewusstsein der Christen verschwunden. So entstand zwischen Gott und Jesus Christus und den Gläubigen eine große Distanz. Die Frage wurde immer dringlicher und bedrängender: Wer ist mein Fürsprecher am Jüngsten Gericht? Wer setzt sich für mich ein? Wie bekomme ich einen gnädigen Gott? Aufgrund dieser Entwicklung in Theologie und Frömmigkeit bekam das menschliche Gedankengebäude der »Heiligen« Nahrung. Man dachte: Da sind Menschen, die sind Gott näher als man selbst durch ihr besonderes, hingebungsvolles Leben, durch ihren übermenschlichen Charakter, ihre gravierend guten Taten, die sie geleistet haben. Zu ihnen baute die Volksfrömmigkeit Vertrauen auf. Sie waren Menschen wie man selbst. Auch sie hatten gelitten, gekämpft, Niederlagen und Siege erlebt. Sie konnten einen verstehen. Man sah in ihnen Fürsprecher, die zwischen dem fernen, heiligen, strengen, zornigen Gott und dem armen Sünder standen – und sie waren bereits im Himmel, am Ziel ihrer Nachfolge; dort, wo man selbst noch hinkommen wollte. Daraus entstand der Gedanke, sie um Hilfe, um Fürsprache vor dem himmlischen Thron zu bitten; sie als Nothelfer sozusagen anzurufen und sie zu bitten, ein gutes Wort für einen einzulegen. So wurden die »Heiligen« zuständig für ganz verschiedene Lebenslagen und Lebensgebiete. Man betete sie nicht an, aber man betete zu ihnen.

Luther war es dann, der in der Bibel das Evangelium, die Frohe Botschaft wieder entdeckte, dass wir in Jesus Christus den Fürsprecher schlechthin haben für unsere Sünde, unseren Ungehorsam dem Wort und Willen Gottes gegenüber. Im 1. Johannesbrief lesen wir: *»Und wenn jemand sündigt, so haben wir einen Fürsprecher bei dem Vater, Jesus Christus, der gerecht ist. Und er selbst ist die Versöhnung für unsre Sünden, nicht allein aber für die unseren, sondern auch für die der ganzen Welt«* (1. Johannes 2,1.2). Zu ihm, zu Jesus Christus, haben wir als Christen im Gebet einen direkten Zugang. Er hat den Zorn Gottes über des Menschen Ungehorsam durch sein Sterben am Kreuz von Golgatha auf sich genommen. Wir lesen: *»Er ist um unsrer Missetat willen verwundet und um unsrer Sünde willen zerschlagen. Die Strafe liegt auf ihm, auf dass wir Frieden hätten, und durch seine Wunden sind wir* *geheilt«* (Jesaja 53,5). *»Denn es ist ein Gott und ein Mittler zwischen Gott und den Menschen, nämlich der Mensch Christus Jesus, der sich selbst gegeben hat als Lösegeld für alle«* (1. Timotheus 2,5.6). Welch befreiende Botschaft: Es bedarf keiner anderen Nothelfer. Jesus genügt. Wir dürfen voll Vertrauen zu ihm kommen, der uns versteht und kennt wie sonst niemand – und der uns lieb hat. Ihm dürfen wir uns ohne Angst anvertrauen, zu ihm dürfen wir mit Freud und Leid, mit Glück und Not kommen. Er verurteilt uns nicht, wenn wir unsere Schuld, unsere Sünden bekennen, unser Wissen, dass wir vor Gott nicht bestehen können. Er löst sein Versprechen ein: *»Kommt alle her zu mir, die ihr euch abmüht und unter eurer Last leidet! Ich werde euch Ruhe geben. Vertraut euch meiner Leitung an und lernt von mir, denn ich gehe behutsam mit euch um und sehe auf niemanden herab. Wenn ihr das tut, dann findet ihr Ruhe für euer Leben. Das Joch, das ich euch auflege, ist leicht, und was ich von euch verlange, ist nicht schwer zu erfüllen«* (Matthäus 11,28–30; Hoffnung für Alle, 2015). Wer diese Einladung für sich persönlich einmal grundsätzlich und dann immer wieder im Glauben in Anspruch nimmt, wird befähigt zu einem Leben, das Gott ehrt. Da hat man keine Angst mehr vor Gott. Wir sind von ihm Geliebte; zuerst Geliebte! Im Johannes- Evangelium lesen wir: *»Denn Gott hat die Menschen so sehr geliebt, dass er seinen einzigen Sohn für sie hergab. Jeder, der an ihn glaubt, wird nicht zugrunde gehen, sondern das ewige Leben haben. Gott hat nämlich seinen Sohn nicht zu den Menschen gesandt, um über sie Gericht zu* *halten, sondern um sie zu retten. Wer an ihn glaubt, der wird nicht verurteilt. Wer aber nicht an ihn glaubt, über den ist das Urteil damit schon gesprochen.«* (Johannes 3,16–18; Hoffnung für Alle, 2015). Welch wunderbare Botschaft, eine herrliche Nachricht, die aufatmen lässt. Kein geistlicher Stress mehr, keine eigene oder anderer Leistung mehr, keine anderen Fürsprecher, Vermittler, keine anderen Nothelfer mehr. Paulus sagt es so: *»Es ist in keinem andern das Heil, auch ist kein andrer Name unter dem Himmel den Menschen gegeben, durch den wir sollen selig werden«* – als allein der Name Jesus! (Apostelgeschichte 4,12). Ich darf meine ganze Liebe ungeteilt Jesus Christus geben, auf ihn mich verlassen, auf ihn mich uneingeschränkt einlassen, ihm und seinem Willem, seinen Anweisungen folgen, um damit zu dem von ihm versprochenen sinnvollen und damit reichen Leben zu kommen in der Zeit und erst recht in der Ewigkeit.

Welch Glück ist's, erlöst zu sein, Herr, durch dein Blut! Ich tauche mich tief hinein, in diese Flut. Von Sünd und Unreinigkeit bin ich hier frei und jauchze voll selger Freud: »Jesus ist treu!« O preist seiner Liebe Macht! Preist seiner Liebe Macht! Preist seiner Liebe Macht, die uns erlöst!

Welch Glück ist's, erlöst zu sein, Herr durch dein Blut! Ich leide nicht länger Pein, habe nun Mut. Mir ging ja ein neues Licht gnadenvoll auf, drum zweifle ich ferner nicht in meinem Lauf. O preist seiner…

Welch Glück ist's erlöst zu sein, Herr, durch dein Blut! Das heilt die Gebrechen fein, macht alles gut. Hier wandelt der Sorgen Heer schnell sich in Lust. Man weinet und klagt nicht mehr an Jesu Brust. O preist seiner ...

O Jesu, Gekreuzigter, dir jauchz ich zu! Mein Heiland, mein Gott und Herr, in dir ist Ruh. Mit dir überwind ich weit des Todes Macht! O Wort voller Seligkeit: Es ist vollbracht! O preist seiner ...

F. Bottome (1823–1894) / deutsch: Ernst Gebhardt (1832–1899)

Wie ist das nun mit den in der Bibel angesprochenen »Heiligen«? Nun, sie sind ganz wichtig. Denn diese Menschen, die Jesus Christus von Herzen lieb haben und ihm gerne nachfolgen, sollen und können uns Vorbilder sein im Glauben und Gestalten unseres Lebens. Jeder, der Jesus nachfolgt, ist dazu berufen, selbst ein solches Vorbild zu sein, denn auch er gehört zu der Schar der Menschen, die die Bibel »Heilige« nennt; er gehört zu den Menschen, von denen wir im Apostolischen Glaubensbekenntnis bekennen: *»Ich glaube an den Heiligen Geist, die heilige, christliche Kirche, Gemeinschaft der Heiligen ...«* Hier geht es nicht um eine Elite von Christen, die sich besondere Verdienste bei Gott erworben hätte, sondern um Nachfolger/innen von Jesus Christus, die mit Paulus sprechen: *»Dabei ist mir klar, dass ich dies alles noch lange nicht erreicht habe und ich noch nicht am Ziel bin. Doch ich setze alles daran, es zu ergreifen, weil ich von Jesus Christus ergriffen bin. Wie gesagt, meine lieben Brüder und Schwestern, ich weiß genau: Noch bin ich nicht am Ziel angekommen. Aber eins steht fest: Ich will vergessen,* *was hinter mir liegt, und schaue nur noch auf das Ziel vor mir. Mit aller Kraft laufe ich darauf zu, um den Siegespreis zu gewinnen, das Leben in Gottes Herrlichkeit. Denn dazu hat uns Gott durch Jesus Christus berufen«* (Philipper 3,12–14).

Das ist die Berufung der Menschen, die Jesus lieb haben und ihm nachfolgen, die leben wollen, was er sagt. Es geht also um Sie und mich! Ein solcher Mensch ist ein »Heiliger«, ein von Gottes Geist beschlagnahmter Mensch, der einen befreiten Willen hat, zu tun, was Gott will und ihm damit Ehre erweist. Dass dies nicht immer gelingt, weiß Paulus auch, wenn er schreibt: *»Denn das Gute, das ich will, das tue ich nicht; sondern das Böse, das ich nicht will, das tue ich. Wenn ich aber tue, was ich nicht will, vollbringe nicht mehr ich es, sondern die Sünde, die in mir wohnt [...] Dank sei Gott durch Jesus Christus, unsern Herrn! So diene ich nun mit dem Verstand dem Gesetz Gottes, aber mit dem Fleisch dem Gesetz der Sünde. So gibt es nun keine Verdammnis für die, die in Christus Jesus sind. Denn das Gesetz des Geistes, der lebendig macht in Christus Jesus, hat dich frei gemacht von dem Gesetz der Sünde und des Todes«* (Römer 7,19.20.25; 8,1.2). Als so Befreite haben die »Heiligen« – trotz aller Unvollkommenheit – Teil an Gottes Heiligkeit. Es gibt vor Gott keine selbst erworbene Heiligkeit, die auf eigener moralisch-sittlicher Leistung bestehen könnte. Als »Kind Gottes« bin ich Teil der neuen Schöpfung, die ich durch Gottes Heiligen Geist geworden bin. Christen sind geheiligt, gerecht, das heißt richtig vor Gott durch den Herrn Jesus Christus (1. Korinther 6,11). Paulus schreibt: »*Ist jemand in Christus, so ist er eine neue Kreatur; das Alte ist vergangen, siehe, Neues ist geworden*« (2. Korinther 5,17).

Das ist ein Geschenk Gottes, nicht unsere Leistung. Darum sind alle Menschen, die Jesus lieben und ihm nachfolgen, ohne Unterschied »Heilige«, weil sie zum Volk Gottes, d. h. zum »Volk des Eigentums« gehören. Wen Gott ergriffen hat, und wer sich von ihm hat ergreifen lassen, der ist »heilig«, zu Gott gehörend! Da ist eine Beziehung entstanden, die Anteil gibt an Gottes Leben.

Eines wünsch ich mir vor allem andern, eine Speise früh und spät; selig lässt's im Tränental sich wandern, wenn dies Eine mit uns geht: unverrückt auf einen Mann zu schauen, der mit blutgem Schweiß und Todesgrauen auf sein Antlitz niedersank und den Kelch des Vaters trank.

Ewig soll er mir vor Augen stehen, wie er als ein stilles Lamm dort so blutig und so bleich zu sehen, hängend an des Kreuzes Stamm; wie er dürstend rang um meine Seele, dass sie ihm zu seinem Lohn nicht fehle, und dann auch an mich gedacht, als er rief: »Es ist vollbracht«!

Ja, mein Jesu, lass mich nie vergessen meine Schuld und deine Huld! Als ich in der Finsternis gesessen, trugest du mit mir Geduld; hattest längst nach deinem Schaf getrachtet, eh es auf des Hirten Ruf geachtet, und mit teurem Lösegeld mich erkauft von dieser Welt.

Ich bin dein; sprich du darauf ein Amen! Treuster Jesu, du bist mein! Drücke deinen süßen Jesusnamen brennend in mein Herz hinein! Mit dir alles tun und alles lassen, in

dir leben und in dir erblassen: Das sei bis zur letzten Stund unser Wandel, unser Bund!
Albert Knapp (1798–1864)

Heilige sind also Menschen, die von Gott für Gott gebrauchsfähig gemacht werden. Das ist Gabe und Aufgabe, Ursache und Wirkung zugleich. Aus dem einen folgt das andere. Aus dem Wirken Gottes an uns ergibt sich, dass wir heilig, Gott wohlgefällig leben lernen können. Es geht dabei um einen Wachstums- und Reifeprozess in der Nachfolge Jesu und um das *»Frucht tragen«*, wie es Jesus nennt (Johannes 15). Also dass man an unserer Glaubens- und Lebenspraxis erkennen kann, dass wir unser Leben von Jesu Worten und seiner Gesinnung inspirieren, motivieren und von seinem Geist prägen lassen. Das ist ein Werden und kein Gewordensein. Es ist Gottes Wille, dass wir in das Bild, das er von uns hat, durch den Heiligen Geist immer mehr umgestaltet werden. Es geht um den Wachstums- und Reifeprozess, von dem Paulus im Blick auf unsere Nachfolge schreibt: *»Denn das ist der Wille Gottes, eure Heiligung«* (1. Thessalonicher 4,3). An diesem Prozess sind wir beteiligt. Wenn unser Wille in den Willen Jesu eingeht, dann lässt er es dem Aufrichtigen gelingen. Dann beten wir erhörlich! Dann erleben wir, dass *»denen, die Gott lieben, alle Dinge zum Besten dienen«* (Römer 8,28).

Wie kann das nun konkret aussehen, dass auch wir, als von Gott Geheiligte, Vorbilder für andere sind; dass wir ermutigend auf sie wirken; dass auch sie Mut finden, sich dem Herrn Jesus anzuvertrauen, mit seinem Wirken und Walten rechnen? Die Erfahrung zeigt, dass folgender Faktor ganz entscheidend ist: die persönliche Beziehung zum Menschen und ein glaubwürdiges Leben als Christ in Wort und Tat. Menschen finden zur Gemeinde von Jesus Christus und dann auch zum lebendigen Glauben an Jesus Christus durch persönliche Beziehungen, durch gelebten Glauben, durch praktizierte Liebe, durch Verständnis für ihre Lebensumstände, durch erfahrene Vergebung, durch Ermutigung und Dabeibleiben in Kummer, Krisen und Konflikten, auch wenn wir nichts mehr zu sagen wissen und uns hilflos vorkommen. Man muss dazu kein Ausnahmechrist sein, nichts Besonderes, Spektakuläres tun. Das Alltägliche ist gefragt, die Treue im Kleinen. Das kann jeder, ob jung oder alt, Mann oder Frau, verheiratet oder ledig, ob mit oder ohne Arbeit: sich um den Anderen, den nahen und den fernen Nächsten kümmern. Besuche machen, sich nach dem Ergehen erkundigen, zuhören, beten, aber auch zupacken und erledigen, was zu tun ist. Das Dasein für andere bringt dem eigenen Leben eine tiefe Erfüllung und eine zufrieden machende Lebensqualität. Da heißt es: *»Liebe nicht erst deinen Nächsten, sondern deinen Jetzigen!«*

Dabei sind die Motive unserer Nächstenliebe und unseres Zeugnisgebens ganz entscheidend. Nicht dass wir es machen, vollbringen oder gar zwingen wollen, dass die, um die wir uns kümmern, zum Glauben an Jesus Christus kommen, sondern dass wir als von Gott Geheiligte heilig, d. h. in der Liebe reden und leben, die uns Jesus schenkt und dass wir uneingeschränkt, ohne Zweifel glauben, dass er es tun wird, darum geht es. Denn »*Gott will, dass alle Menschen gerettet werden und sie zur Erkenntnis der Wahrheit kommen*« (1. Timotheus 2,4). Wir wollen so leben, dass unser Vorbild spricht. Dass es heißt: Was du lebst, ist identisch mit dem, was du sagst. »*Glaub-würdige Heilige*« sind gefragt, Nachfolger/innen Jesu, die von seiner Liebe, von seiner Gesinnung geprägt sind und sie leben.

Diese »*merk-würdigen Heiligen*« sind auch »*Väter und Mütter in Christus*«, die vor uns gelebt, geglaubt und in Jesu Liebe gewirkt haben, von denen wir für die Gestaltung unseres Lebens aus dem Glauben lernen können. Diese Vorbilder benötigen wir in unseren Tagen ganz dringend, um uns durch ihr Leben ermutigen zu lassen. »Heilige«, die sich an den Zusagen, Verheißungen, Ermutigungen und Werten, Normen, Maßstäben der Bibel orientierten.

Wenn wir in die Kirchengeschichte schauen, sehen wir, dass das Vorbild der »Heiligen«, ihr Glaubensmut, ihre Hingabe, ihre Weisheit, das Praktizieren ihres Glaubens Großes bewirkt haben. Dabei werden neben ihren Lichtseiten auch nicht ihre Schattenseiten, ihr Scheitern und Schuldigwerden verschwiegen. Wie sie damit umgegangen sind, ist Lebens- und Glaubenshilfe für uns heute. Es ist interessant, was das Augsburger Glaubensbekenntnis dazu sagt: »*Vom Dienst der Heiligen wird von den Unseren gelehrt, dass man der Heiligen gedenken soll, damit wir unseren Glauben stärken, wenn wir sehen, wie ihnen Gnade widerfahren ist und wie ihnen durch Glauben Hilfe zuteil geworden ist. Dann kann sich auch jeder ein Beispiel nehmen an ihren guten Werken.«* Sich davon inspirieren zu lassen, kann uns motivieren, es ihnen nachzutun. Ich denke an Menschen wie den bereits erwähnten Martin Luther. Auch wenn Sie jetzt vielleicht einwenden: »Aber der ist mir doch einige Nummern zu groß.« Gut, Sie sollen ja kein Martin Luther sein. Aber Ihren Glauben an Jesus Christus können Sie genau so mutig bekennen wie er. Oder denken wir an Paul Gerhardt. Auch hier gilt: Niemand von uns soll ein Paul Gerhardt sein, aber sein Gottvertrauen will uns ermutigen, wenn er bekennt: »*Dem Herren musst du trauen, wenn dir's soll wohl ergehn; auf sein Werk musst du schauen, wenn dein Werk soll bestehn. Mit Sorgen und mit Grämen und mit selbst eigner Pein lässt Gott sich gar nichts nehmen, es muss erbeten sein.*« Oder denken wir an August Hermann Francke, der durch seine Waisenhäuser und Schulen ganz praktisch zeigte, wie sich der Glaube an Jesus Christus sozial-diakonisch und Leben prägend auswirkt. Oder an Philipp Jakob Spener, den Vater der Hauskreise, des gemeinsamen Lebens und der Seelsorge, die durch ihn wieder in den Mittelpunkt des Christseins kamen. Für ihn galt, was bis heute gilt: Nicht nur biblisches Wissen ist gefragt, sondern die Tat. Oder denken wir an Theodor und Friederike Fliedner, den Vater und die Mutter der Diakonie mit all den Diakonissen, die ihr Leben und Lieben in den Dienst am Nächsten gestellt haben und bis heute noch einsetzen. Oder denken wir an Hedwig von Redern, die Gründerin des Frauen-Missions-Gebetsbundes, an Christa von Viebahn, die das

Werk der Aidlinger Diakonissen ins Leben gerufen hat; an Friedrich von Bodelschwingh, an Johann Christoph Blumhardt u. v. a. m. Wie viele Christen gab und gibt es, die ganz in der Stille vom Geist Gottes bewegt ihrer Umwelt zum Segen geworden sind und werden, ohne dass wir ihre Namen kennen. Es gibt auch viele *»einsame Heilige«,* um diesen Ausdruck des Evangelisten Daniel Schäfer zu gebrauchen, die still und unerkannt, mitunter auch unverstanden, ihren Glaubensweg in Treue und Hingabe gehen. Auch hier gilt: *»Ein Mensch sieht, was vor Augen ist, Gott aber sieht das Herz an«* (1. Samuel 16,7). Da sind die vielen, die nicht im Rampenlicht stehen und standen, die ich die sogenannten »*namenlosen Heiligen*« nenne. Diese Christen sind ein beredtes Beispiel auch in unseren Tagen: die Eltern, die ihr behindertes Kind liebevoll begleiten; der Mann, der seine schwerkranke Frau über Jahre voller Hingabe pflegt; die Tochter, die ihre alten Eltern treu versorgt, der querschnittgelähmte junge Mann, der nicht verzagt, sondern sein Leben im Vertrauen zu Gott meistert. Viele weitere Beispiele können hier angefügt werden. Bei diesen »Heiligen« können und wollen wir in die Schule gehen und von ihnen lernen, Vorbild zu sein, transparent zu sein für das, was der Glaube an Jesus Christus und seine von uns in Anspruch genommene Gnade und Liebe vermögen. Wir rühmen dann nicht Menschen, sondern geben Gott die Ehre. Darum geht es bei den Heiligen: Gott die Ehre geben!

Um es nochmals ganz deutlich zu sagen: Um mit Gott in Gemeinschaft zu leben, bedarf es keiner besonderen Vermittlung oder Fürsprache durch »sogenannte Heilige«. Es gibt nur einen Mittler und Fürsprecher beim Vater im Himmel für uns (Hebräer 9,15). Im 1. Johannesbrief lesen wir: »*Und wenn jemand sündigt, so haben wir einen Fürsprecher bei dem Vater, Jesus Christus, der gerecht ist. Und er selbst ist die Versöhnung für unsre Sünden, nicht allein aber für die unseren, sondern auch für die der ganzen Welt.*« (2,1.2).

Brüder, auf zu dem Werk in dem Dienste des Herrn! Lasst uns gehn seinen Weg, jeder folge ihm gern! In der göttlichen Kraft, die uns geistlich erneut, lasst uns freudig nur tun, was die Liebe gebeut! Seid getreu, nur getreu, folgt dem Herrn immer gern! Nah ist Sieg und Lohn, nah das Heil, die Kron, drum wirket, bis der Meister kommt.

Auf die heilige Wacht hat der Herr uns gestellt; zeuget froh von dem Heil, das er brachte der Welt! Macht es überall kund, was für Sünder geschah, rufet laut allen zu: »Die Erlösung ist da!« Seid getreu, nur getreu ...

Sucht Verlorene auf, wie der Meister getan, den Verlassnen bringt Trost, nehmt der Armen euch an! Bringet Licht in die Nacht alles Kummers hinein, zeigt in Liebe dem Feind, was ein Christ heißt zu sein! Seid getreu, nur getreu ...

Frisch voran in dem Werk, denn es gilt Gottes Ehr in dem Kampf mit der Welt und der Finsternis Heer! Hier gibt's Arbeit für uns, Christen, lasst sie uns tun! Der Getreue wird einst bei dem Herrn ewig ruhn. Seid getreu, nur getreu ...
Fanny Crosby (1823–1915) / deutsch: Ernst Gebhardt (1832–1899)

Ich lade Sie ein, in aller Ruhe einmal darüber nachzudenken, wer für Sie ein »Heiliger«, eine »Heilige« ist, ein Vorbild mit seinem/ihrem gelebten Glauben; durch wen Sie in Ihrem Leben gesegnet wurden bzw. werden? Danken Sie von Herzen unserem Gott für diesen bzw. diese Menschen. Vielleicht können Sie ihnen ja auch persönlich noch ein »Danke« sagen! Und dann nehmen Sie sich die Zeit und denken Sie darüber nach, wem Sie durch Ihr Leben und wodurch ein Vorbild sein können und wollen? Wir brauchen in unseren Tagen dringend Christen, *»merk-würdige Heilige«,* die durch ihr Leben andere heilsam beeinflussen, die nicht ständig jammern und klagen, sondern durch ihr Handeln und ihre Worte, durch ihre Gebete und ihre Opfer ermutigen zu einem glaubwürdigen Leben in der Nachfolge von Jesus. Solche Gesinnung und Lebensgestaltung schenkt ein qualitativ reiches und damit sinnvolles und dankbares Leben. Es hat Ausstrahlung und Anziehungskraft und es ehrt unseren Herrn Jesus Christus!

Oktober

Ich will dir danken

»Ich will deinen Namen preisen und dir vor allen danken, die zu dir gehören. Denn du hast mir Gutes getan«
(Psalm 142,8; Hoffnung für Alle, 2015)

»Vergiss nicht zu danken dem ewigen Herrn ...« ist die Anfangszeile eines bekannten Liedes von Heino Tangermann. Der Grund für diese Aufforderung: *»... er hat dir viel Gutes getan.«* – »Vergiss nicht zu danken ...«, das richtet sich gegen die Undankbarkeit und Vergesslichkeit, gegen die Selbstverständlichkeit, mit der viele die Wohltaten Gottes einfach so hinnehmen und dafür ihre Erinnerungen an schwere Wegführungen, Anfechtungen, Leid und Leiden, Angst und Sorgen, Enttäuschungen und Frust festhalten. Man vergleicht sich mit den Menschen, denen es dem Anschein nach besser geht als einem selbst. Dabei wäre man gar nicht bereit, zu tauschen. Man möchte nur die guten Seiten des anderen. Wenn sich diesbezüglich im Leben grundsätzlich etwas ändern soll, gilt es bewusst nachzudenken, umzudenken und neu zu denken, um so zum Danken zu kommen.

Es ist doch nicht selbstverständlich, dass wir 70 Jahre Frieden in unserem Land haben, keine feindlichen Truppen es besetzt halten, niemand an die Tür klopft und auffordert: »Aufmachen, mitkommen«; kein Fliegeralarm uns aufschreckt, keine Bomben fallen, keiner von uns auf die Flucht gehen muss; dass wir ein Dach über dem Kopf haben, jeder sein Bett hat, wir mehr als einen Stuhl haben, in wohltemperierten Zimmern wohnen, mehr als nur ein Kleid und einen Anzug haben, keine Mutter verzweifeln muss, weil ihr Kind hungert, niemand kilometerweit laufen muss bis zur nächsten Wasserstelle! Dass unser Lebensunterhalt reicht, auch wenn gerechnet werden muss, unsere Versorgung einigermaßen gesichert ist; auch wenn zeitweise Kurzarbeit oder Arbeitslosigkeit eintritt, wir nicht durchs soziale Netzwerk fallen; Lehrstellen und Umschulungsmöglichkeiten angeboten werden, Lern- und Fortbildungsmöglichkeiten bestehen, das Arbeitsklima erträglich ist; Verkehrsmittel uns zu gewünschten Zielen bringen! Dass wir unsere Sinne gebrauchen können, unsere Glieder bewegen, einen Arzt in der Nähe haben, die gefürchtete Operation gut verlief; die Kraft zum Leben mit Schmerzen immer wieder reicht; der Ehefrieden erhalten blieb, eine Versöhnung zwischen den Generationen stattfand, die Familie nicht zerbrach; Geduld und Liebe zur Erziehung der Kinder jeden Tag neu geschenkt wurden, Freundschaften sich bewährten, ein Examen erfolgreich bestanden wurde, keine Spannungen die nachbarlichen Kontakte belasten, Bereicherung durch die Hausgemeinschaft erfahren wird, ein Herzensanliegen in Erfüllung ging; Versöhnung und Vergebung praktiziert wurden; niemand wegen seines Glaubens verfolgt wird!

Wir sind doch reich beschenkt! Das kann man nicht

mit einer Handbewegung abtun. Denn es ist nicht selbstverständlich. Auch wenn Sie jetzt vielleicht denken: »Ich habe mir doch all das selbst erschuftet. Es ist doch mein Einsatz, der es möglich gemacht hat.« Das will ich auch gar nicht bestreiten. Und doch will ich Ihre Gedanken ein wenig dahin lenken, dass es eben doch nicht selbstverständlich ist. Es stimmt schon: »*Alles, was du hast und bist, deiner Hände Arbeit ist!*« Aber das andere stimmt eben auch: »*Denk auch zwischendurch mal dran, dass sie Gott, der Herr, gesund erhalten kann!*«

An Gottes Ja, seinem Segen zu unserem Tun und Lassen ist eben doch letztlich alles gelegen. Darum: »*Vergiss nicht zu danken ... ; im Danken kommt Neues ins Leben hinein!*«

Es geht ums Drandenken, ums Nichtvergessen und das hat mit Bewusstmachung zu tun! Undankbarkeit verrät Gedankenlosigkeit. Warum erinnert man sich so schwer daran, wie Gott in so vielen Lebenslagen geholfen hat? Man liegt ihm in den Ohren, lässt Stoßgebete los, bittet um Hilfe und Beistand und dann wird – wenn überhaupt – eventuell mit einem kurzen »Danke!« die Gebetserhörung als erledigt abgetan. Schlagen Sie doch heute einmal Ihre Tagebücher auf – seien es die schriftlichen oder die gedanklichen. Nehmen Sie sich 20 Minuten Zeit. Denken Sie in Ruhe darüber nach, wofür Sie Grund haben, Gott zu danken. Schreiben Sie es auf! Wer denkt, dankt; wer dankt, denkt! Schritte vom Denken zum Danken können sein: nachdenken – bedenken – umdenken – neu denken – danken! Ein »Denk-Zettel«-kann zum »Dank-Zettel« werden.

Die Erfahrung zeigt: Ein Mensch, der dankt, lebt bewusster. Wer bewusster lebt, lebt intensiver! Wer intensiver lebt, dessen Lebensqualität wird bereichert; Dankbarkeit, Freude und Zufriedenheit erfüllen und prägen ihn; seine Persönlichkeit wird dadurch heilsam profiliert! Mit dem Denken, dem Nachdenken beginnt das Danken. Denn das Danken ist keine selbstverständliche menschliche Eigenschaft. Nach meiner Erfahrung ist Dankbarkeit in unseren Tagen zur Mangelware geworden, nachdem das Anspruchsdenken und das Vergleichsdenken, das »Klagen auf hohem Niveau« (Peter Hahne) wie Unkraut aus dem Boden schießen und um sich greifen. Bei vielen Menschen wird der Dank so bereits im Keim erstickt, weil sie gar nicht mehr nachdenken, wofür sie Grund haben zum Danken. Bei diesem Nachdenken geht es nicht darum, sich dankbar zu fühlen, sondern zu bedenken, welche Gründe zum Danken es in meinem Leben gibt. Nur so kann es zu einem Umdenken und damit zu einem neuen Denken kommen. Dieses Umdenken ist eine Willensentscheidung: Ich will – nicht »ich möchte ja, aber ...« – mein altes Denkmuster ablegen und mich in ein neues Denken und damit auch in ein neues Verhalten einüben. Ich will bewusster als bisher leben! Konkret: Ich verlasse meinen alten Standpunkt der Unzufriedenheit, des Vergleichsdenkens, der Selbstverständlichkeit und der Nörgelei. Die Erfahrung zeigt: Wer diesen seinen bisherigen Standpunkt ändert, gewinnt eine neue Perspektive für sein Leben, seine Lebensgestaltung; neue Möglichkeiten eines sinnvollen und damit reichen Lebens tun sich ihm auf! Umdenken und Neudenken ist also angesagt! Denn solange ich meine, keinen Grund zum Danken zu haben, solange ist es mir auch nicht möglich, dankbar zu leben. Wer also erleben will, dass im Danken Neues ins Leben kommt, muss Wissen und gewonnene Einsichten umsetzen und handeln! Darum gilt: Stell den Dank an die Tür deines Herzens, dass er darauf achte, wer und was in deinen Gedanken und Gefühlen das Sagen haben will.

Immer wieder, wenn ich über diese Kausalität von nachdenken – bedenken – umdenken – neu denken – danken nachdenke, fällt mir ein Bericht aus dem Neuen Testament ein. Der Evangelist Lukas erzählt: »*Auf dem Weg nach Jerusalem zog Jesus mit seinen Jüngern durch das Grenzgebiet von Samarien und Galiläa. Kurz vor einem Dorf begegneten ihm zehn Aussätzige. Im vorgeschriebenen Abstand blieben sie stehen und riefen: ›Jesus, Herr! Hab Erbarmen mit uns!‹ Er sah sie an und forderte sie auf: ›Geht zu den Priestern und zeigt ihnen, dass ihr geheilt seid!‹ Auf dem Weg dorthin wurden sie gesund. Einer von ihnen lief zu Jesus zurück, als er merkte, dass er geheilt war. Laut lobte er Gott. Er warf sich vor Jesus nieder und dankte ihm. Es war ein Mann aus Samarien. Jesus fragte: ›Waren es nicht zehn Männer, die gesund geworden sind? Wo sind denn die anderen neun? Wie kann es sein, dass nur einer zurückkommt, um sich bei Gott zu bedanken, noch dazu ein Fremder?‹ Zu dem Samariter aber sagte er: ›Steh wieder auf! Dein Glaube hat dich geheilt‹*« (Lukas 17,11–19; Hoffnung für Alle, 2015).

Zehn Menschen machen eine besondere Erfahrung. Doch nur einer kommt zu einem sogenannten »Aha«-Erlebnis. Ihm geht etwas Besonderes auf. Neun werden »nur« gesund, einer wird gesund und dankbar und damit wirklich heil!

Alle sind durch den Aussatz so gekennzeichnet, dass sie zu Außenseitern der menschlichen Gesellschaft gestempelt sind. *»Sie blieben im vorgeschriebenen Abstand stehen«* lesen wir. Wie könnte es deutlicher werden: abgeschnitten vom Leben. Sie begegnen Jesus – und nutzen ihre Chance. Sie rufen ihn an und bitten ihn: *»Jesus! Herr! Habe Erbarmen mit uns!«* Im Ruf nach dem Erbarmen Jesu öffnen sie ihren Lebensraum – oder besser gesagt –, ihren Sterbensraum diesem Herrn. Wie reagiert Jesus auf Menschen, die ihm ihr Leben öffnen? Er sieht ihre Not und geht auf sie ein. Er nimmt sich ihrer an. Wie? Ganz unkonventionell! Die Barmherzigkeit Gottes wird erlebt im Vollzug des Gehorsams seinen Worten gegenüber, ohne irgendeine Vorbedingung. Sie bekommen sein Wort. Nicht mehr, aber auch nicht weniger! *»Geht zu den Priestern und zeigt ihnen, dass ihr geheilt seid!«* Gehen sie? Nehmen sie das Risiko des Gehorsams dem Wort Jesu gegenüber auf sich? Ja, sie gehen und erleben im Vollzug der Worte Jesu, dass er Macht hat, den Lebensweg, auch den aussichtslosen, zu verändern.

Diese zehn Menschen erleben Jesu Erbarmen bis in ihre körperliche Existenz hinein. Er macht sie gesund. Die Welt steht ihnen wieder offen. Sie werden in die Gesundheit entlassen. Wie reagieren sie auf dieses Erlebnis? Dankbar? Selbstverständlich? Es schockt schon, wie neun von ihnen reagieren! Oder lässt Sie das unberührt? Neun nehmen Jesu Barmherzigkeit selbstverständlich hin. Sie haben ihre Chance genutzt. Sie haben die heilende Kraft Jesu für sich in Anspruch genommen. Sie, die bisher total auf der Schattenseite des Lebens standen, haben sich nicht umsonst an Jesus gewandt – aber sie haben das Kapital des Erbarmens Gottes verspielt. Wieso? Nun, die neun werden gewiss auf ihre Art und Weise ihre Gesundheit gefeiert haben. Sie werden voll Freude zu ihren Familien zurückgekehrt sein. Gewiss haben sie begeistert davon berichtet, wie ihre Heilung geschah. Vielleicht sogar so, dass sie selbst im Mittelpunkt standen. Dann kam der Alltag. Sie gingen ihrem Beruf nach, hatten wieder ein Familienleben. Wahrscheinlich wurde bald kein Aufhebens mehr um ihr Erleben gemacht. Sie führten keinen schlechten Lebenswandel. Zu ihrem Leben mag auch der Besuch des Gottesdienstes gehört haben. Das Leben hatte sie wieder. Obwohl sie das Erbarmen Jesu am eigenen Leib erfahren haben – ist ihr Leben in der Tiefe das alte geblieben. Es ist im Vordergründigen stecken geblieben.

Menschen nutzen ihre Chance, die das Erbarmen Jesu ihnen bietet; sie nehmen die Rettung an, die Hilfe in schweren Nöten, die Bewahrung in kritischen Lebenslagen, ohne Jesus wirklich von Herzen zu danken. Sie sind Jesus begegnet und doch nicht in Lebensgemeinschaft mit ihm gekommen. Die dankbare Zuwendung des Helfers haben sie für selbstverständlich genommen, bzw.

vergessen und damit sich selbst vom wirklichen Leben, dem Leben mit Gott, dem ewigen Leben ausgeschlossen. Das ist erschütternd. Denn »*in Gemeinschaft mit Gott leben und ihm dienen, gibt dem Leben den rechten Sinn und Wert*« (Katechismus der Evangelisch-methodistischen Kirche).

Jesus wusste: Wie eine Krankheit zum Mittelpunkt des Denkens werden kann – und bei den zehn Aussätzigen war das ja so –, so kann auch die Gesundheit zur Hauptsache im Leben werden. So ist es wohl bei den neun gewesen. Es kann aber auch so sein, dass die Krankheit nach dem Gesundwerden einfach verdrängt wird. Damit wird die Gesundheit zur Selbstverständlichkeit. Sie ist nicht mehr wunderbares Geschenk, für das man nicht genug dankbar sein kann. Oberflächlichkeit und Gleichgültigkeit machen sich dann breit. Darum lobt Jesus den dankbaren Samariter. Dieser Mann lebt bewusst. Er erfasst in der Gabe den Geber. Er schaut tiefer und zieht daraus seine Konsequenzen: »*Einer von ihnen lief zu Jesus zurück, als er merkte, dass er geheilt war. Laut lobte er Gott. Er warf sich vor Jesus nieder und dankte ihm.*« Was dem Samariter widerfahren ist, veranlasst ihn zum Nachdenken. Und das wiederum ist Grund für ihn, umzudenken und umzukehren und Gott die Ehre zu geben. »*Nur wer das Selbstverständliche befragt, lernt wieder das Staunen*«, sagt Albert Einstein. Aus dem Staunen kommt der Dank. Wer staunt, dessen Mund füllt sich mit Lob und Dank. Der Dankbare erfährt nicht nur die Macht Jesu als Realität in seinem Leben. Er erlebt auch, dass

Dankbarkeit erst richtig befreit; dem Leben Qualität gibt, es sinnvoll und damit reich macht. Der Dankbare bindet sich mit seinem Dank bewusst an Jesus Christus. Er verherrlicht damit Gott, indem er vor den Leuten bekennt, was Jesus an ihm Großes getan hat. Er verweist darauf, dass er alles, was er ist und hat, diesem Gott verdankt. So zu leben ist »not-wendig« – es wendet die Not! Denn nur diesem einen, diesem Samariter spricht Jesus zu, dass sich in seiner Haltung, seiner Gesinnung sein Glaube, sein Gott vertrauendes Denken ausdrückt.

Die am Schluss der Geschichte von Jesus gestellte Frage wollen wir bewusst hören und nicht überhören: »*Wo sind denn die anderen neun? Wie kann es sein, dass nur einer zurückkommt, um sich bei Gott zu bedanken, noch dazu ein Fremder?*« Sollte Ihr Verhalten dem der neun gleichen, sind Sie eingeladen, nachzudenken, umzukehren, neu zu denken, um dann auch danken zu können. Gleichen Sie dem Samariter, legen Sie doch heute ganz bewusst dankbar froh eine Zeit der Besinnung ein, um Jesus zu danken für all den Segen, den er in Ihr Leben gegeben hat. *Denn Dankbarkeit ist der Weg* – so bekennt der Psalmist (50,23) –, *Gottes Heil und Herrlichkeit zu schauen!*

Ein Dankgebet zum Mitbeten:
Danke, Gott, dass ich dein Kind bin und du mein Vater bist! Danke, Herr Jesus, dass du mein Herr bist, und ich dein Eigen bin! Danke, Heiliger Geist, dass du mich umdenken und neu denken lehrst! Danke, Herr, dass ich kein

Spielball dunkler Mächte bin, ich bin in deiner Hand geborgen. Danke, dass ich dein Vertrauen habe; du wendest mir deine Treue jeden Morgen neu zu. Danke, dass ich die Bibel, dein Wort besitze; sie mit Gewinn lese, du durch sie zu mir sprichst.

Danke, dass ich Gemeinschaft mit dir habe, Gedanken-Austausch, auf dich hören, mit dir sprechen darf. Danke, dass ich Gemeinschaft mit den Deinen habe, Erfahrungen mit ihnen austauschen kann, Korrektur und Wegweisung, Sammlung und Zurüstung erfahre. Danke, dass ich dich in Freiheit bezeugen kann im Wort und in der Tat. Danke, dass ich meine Schuld bei dir abladen, dich mit meinen Zweifeln bestürmen, dir meine dunkelsten Gedanken gestehen kann, jene Gedanken, die ich selbst kaum zu Ende zu denken wage – und du verstehst mich, du vergibst mir, lässt mich aufatmen.

Danke, dass trotz mancher schweren Wegführung mein Vertrauen zu dir nicht schwand, mein Herz nicht verzagte, mein Glaube nicht Schiffbruch erlitt, die Traurigkeit nicht überhandnahm, Leid und Leiden mich nicht verbittert machten, die Freude nicht schwand.

Danke, dass ich nie allein bin; du bist und bleibst bei mir! Du trägst mit mir meine Lasten, schenkst mir Bewährung in der Anfechtung, bewahrst mich in der Versuchung, hilfst mir in den Spannungen, gibst mir auch Sieg im Kampf, Wegweisung in den Entscheidungen. Danke, dass du mich mehr liebst, als ich dich liebe!

Danke, dass du auferstanden bist und mir ewiges Leben erworben hast. Ich habe eine lebendige Hoffnung, die mich heute erfüllt und bestimmt; erhalte sie mir. Du hast mir im Himmel eine Wohnung bereitet, hast mich vorangemeldet, meinen Namen ins Buch des Lebens eingeschrieben. So habe ich Erbansprüche und heute schon Teil am ewigen Leben. Danke, Herr, dass ich danken kann. Ich weiß nicht, womit ich das verdient habe, dass ich an dich glauben kann! Es ist dein herzliches Erbarmen, das sich zu mir neigt. Danke, Herr!

Das Danken hat im Leben der Menschen, die Gott lieben, einen besonderen Stellenwert. Ein paar Zeugnisse aus den Psalmen:

❖ *»Die zum Herrn riefen in ihrer Not und er half ihnen aus ihren Ängsten, er sandte sein Wort und machte sie gesund und errettete sie, dass sie nicht starben: Die sollen dem Herrn danken für seine Güte und für seine Wunder, die er an den Menschenkindern tut, und sollen Dank opfern und erzählen seine Werke mit Freuden«* (Psalm 107,19–22)

❖ *»Danket dem Herrn, denn er ist freundlich, und seine Güte währet ewiglich«* (Psalm 106,1)

❖ *»Singt dem Herrn ein Danklied«* (Psalm 147,7)

❖ *»Wer Dank opfert«* – also Lob aus der Tiefe Gott bringt –, *»der preiset mich, und da ist der Weg, dass ich ihm zeige das Heil Gottes«* (Psalm 50,23)

❖ *»Vergiss nicht, was Gott dir Gutes getan hat«* (Psalm 103,2)

❖ *»Ich aber will mit Dank dir Opfer bringen. Meine Gelübde will ich erfüllen. Hilfe ist bei dem Herrn«* (Jona 2,10)

❖ »*Alles, was ihr tut mit Worten oder mit Werken, das tut alles im Namen des Herrn Jesus und dankt Gott, dem Vater, durch ihn*« (Kolosser 3,17)

❖ »*Sagt Dank Gott, dem Vater, allezeit für alles*« (Epheser 5,20)

❖ »*Sorgt euch um nichts, sondern in allen Dingen lasst eure Bitten in Gebet und Flehen mit Danksagung – also noch ehe die Erhörung da ist – vor Gott kundwerden*« (Philipper 4,6)

❖ »*Seid dankbar in allen Dingen; denn das ist der Wille Gottes in Christus Jesus für euch*« (1. Thessalonicher 5,18)

Von den Kirchenvätern haben wir ganz ähnliche Ermutigungen:

❖ Von Hermann Bezzel sind die Worte: »*Im Danken liegt eine Gewalt, vor der alle finsteren Geister weichen.*« – »*Wenn dein Herz danken lernt, lässt dich die Angst los!*« – »*Die größte Kraft des Lebens ist der Dank; wer danken gelernt hat, der ist gesund geworden.*« – »*Bleiben wir am Danken, bleibt Gott am Segnen.*«

❖ Dietrich Bonhoeffer stellt fest: »*Danken öffnet den Zugang zu Gott!*«

❖ John Wesley ermutigt: »*Danke Gott für alles, was du hast; und vertraue ihm in allem, was du brauchst!*«

❖ Jean Baptiste Massillon meint: »*Dankbarkeit ist das Gedächtnis des Herzens.*«

❖ Gordon Müllers Erfahrung ist: »*Danken ist wichtiger als alles. Wo gedankt wird – richtig von Herzensgrund, ohne Aufhören –, da geschehen Wunder.*«

❖ Von Gabriel Marcel sind die Worte: »*Dankbarkeit ist der Wächter am Tor der Seele gegen die Kräfte der Zerstörung.*«

❖ Vater Bodelschwinghs Erfahrung ist: »*Das Reifwerden eines Christen ist im tiefsten Grunde ein Dankbarwerden.*« – »*Da wird es hell in einem Menschenherzen, wo man für das Kleinste danken lernt.*«

❖ Wilhelm Oehler stellt fest: »*Die glücklichsten Menschen sind nicht die, die am meisten haben, sondern die am meisten danken.*«

❖ Vinzenz von Paul: »*Man muss wenigstens so viel Zeit aufwenden, Gott für seine Wohltaten zu danken, als man gebraucht hat, ihn darum zu bitten.*«

❖ Martin Haug hat die Erfahrung gemacht: »*Wenn ich Gott wollte Dank für jede Wohltat sagen, ich hätte keine Zeit über Weh zu klagen.*«

Dankbarkeit hilft der Liebe und dem Verstand. Sie gehört zu den Schulden, die jeder Mensch hat, aber nur die wenigsten tragen sie ab. Überlegen Sie doch einmal, wann Sie wem zuletzt von Herzen gedankt haben mit Worten und mit einer Tat?! Denn Gott schickt uns mit unserem Dank ihm gegenüber oft auch zu Menschen. Es gehört Mut dazu, wenn man es nicht kennt, nicht gelernt und geübt hat, dieses Wort »*danke!*« über die Lippen zu bringen; auch Dank sichtbar werden zu lassen in der Tat. Schieben Sie dieses Danken nicht auf. Es hilft, aus der Gedankenlosigkeit auszusteigen und reinigt das eigene Herz vom Pessimismus zu neuem Gott vertrauenden Denken und Danken. Da der Dank die schönste Form von Glück ist, ist er verbunden mit Freude, die ins eigene Herz zurückkehrt. Dankbarkeit ist also auch ein Geschenk, das wir uns selbst machen.

Danken will Gestalt annehmen. Der Dankbare empfängt, um zu geben. Konkret kann das so aussehen, dass ich öfters bewusst »*danke*« sage, ein Lob ausspreche, mit Anerkennung nicht geize; dass ich öfters dafür bete, Gott möge dem anderen Gutes tun, ihn segnen; dass ich handle für den Handlungsunfähigen, sehe für den Blinden, gehe für den Behinderten, spreche für den Stummen, höre für den Tauben, empfinde für den Abgestumpften. Dass ich mich einbringe für den anderen, meinen Sieg für seine Niederlage, meine Gesundheit für seine Krankheit, meine Macht für seine Ohnmacht, meinen Reichtum für seine Armut, meinen Glauben für seinen Unglauben, meine Stärke für seine Schwäche, meine Güte für seine Härte, mein Gutes für sein Böses, meine Freude für seine Traurigkeit, meine Liebe für seine Lieblosigkeit, meine Hilfe für seine Hilflosigkeit, meinen Mut für seine Mutlosigkeit, meinen Trost für seine Trostlosigkeit, meine Hoffnung für seine Hoffnungslosigkeit, meine Aufmerksamkeit für seinen Egoismus, meine Freundlichkeit für seine Unfreundlichkeit, meine Zeit für seine Hektik, meine Gegenwart für seine Einsamkeit, meine Aufmunterung für seine Niedergeschlagenheit, meinen Zuspruch für seine Resignation!

Nun danket alle Gott mit Herzen, Mund und Händen, der große Dinge tut an uns und allen Enden, der uns von Mutterleib und Kindesbeinen an unzählig viel zugut und noch jetztund getan.

Der ewigreiche Gott woll uns bei unserm Leben ein immer fröhlich Herz und edlen Frieden geben, und uns in seiner Gnad erhalten fort und fort und uns aus aller Not erlösen hier und dort.

Lob, Ehr und Preis sei Gott, dem Vater und dem Sohne und dem, der beiden gleich, im höchsten Himmelsthrone; dem dreimal einen Gott, als der ursprünglich war und ist und bleiben wird jetztund und immerdar.

Martin Rinckart (1586–1649)

November

Wenn es ums ewige Leben geht

Brich herein, süßer Schein selger Ewigkeit! Leucht in unser armes Leben, unsern Füßen Kraft zu geben, unsrer Seele Freud.

Hier ist Müh morgens früh und des Abends spät, Angst, davon die Augen sprechen, Not, davon die Herzen brechen; kalter Wind oft weht.

Jesus Christ, du nur bist unsrer Hoffnung Licht; stell uns vor und lass uns schauen jene immergrünen Auen, die dein Wort verspricht.

Ewigkeit, in die Zeit leuchte hell herein, dass uns werde klein das Kleine und das Große groß erscheine, selge Ewigkeit!
Marie Schmalenbach (1835–1924)

Die Feiertage im Monat November haben alle einen ernsten Charakter: Allerheiligen, Volkstrauertag, Buß- und Bettag, Ewigkeitssonntag. Sie wollen uns inspirieren und motivieren zum Nachdenken, Umdenken und Neudenken im Blick auf Sterben und Tod, Auferstehung und ewiges Leben.

Der Tod ist unser täglicher Begleiter. Daher dürfte dieses Thema eigentlich kein Tabuthema sein, begegnet es uns doch täglich durch Zeitung, Radio, Fernsehen.

Jede Todesanzeige ist eine Konfrontation mit dem eigenen Sterben. Doch so lange wir selbst nichts damit zu tun haben, sieht es nochmals anders aus, als wenn wir persönlich in irgendeiner Weise damit konfrontiert werden. Selbst dann braucht es seine Zeit, bis wir uns mit dieser Gegebenheit »zusammensetzen«, um uns mit ihr »auseinanderzusetzen«. Je früher wir es jedoch tun, desto eher können wir für unser Leben daraus heilsame Konsequenzen ziehen. Daher ist das Gebet des Moses sehr hilfreich und wegweisend: »*Mach uns bewusst, wie kurz das Leben ist, damit wir unsere Tage weise nutzen!*« (Psalm 90,12; Hoffnung für Alle, 2015); bekannter ist uns dieses Gebet durch die Lutherübersetzung: »*Lehre uns bedenken, dass wir sterben müssen, auf dass wir klug werden.*«

Sterben ist Aufgabe des Lebens – im doppelten Sinne. Wer tatsächlich leben will, muss zu sterben wissen und wer getrost sterben will, muss zu leben wissen. Denn wer begreift, dass er nicht eine unbegrenzte Zeit auf dieser Erde lebt, kann darin eine Hilfe finden, zu erkennen, was wesentlich und was unwesentlich, was wichtig und was eilig in seiner Lebensgestaltung ist. Sein Leben gewinnt dadurch eine besondere Qualität, weil der Aspekt des ewigen Lebens in der ungetrübten Gemeinschaft mit Gott bewusst mit einbezogen ist. Man lebt bewusster; und wer bewusster lebt, lebt intensiver; und wer intensiver lebt, lebt dankbarer. Und auch das andere hat sein besonderes Gewicht: die Frage nach der Verantwortung, der Gerechtigkeit, das heißt nach dem zur Rechenschaft gezogen werden für dieses Leben hier, für mein Tun und

Lassen, mein Reden und Schweigen, mein Agieren und Reagieren.

Wer weiß, wie nahe mir mein Ende, hin geht die Zeit, her kommt der Tod; ach, wie geschwinde und behende, kann kommen meine Todesnot. Mein Gott, mein Gott, ich bitt durch Christi Blut: Mach's nur mit meinem Ende gut.

Es kann vor Nacht leicht anders werden, als es am frühen Morgen war; solang ich leb auf dieser Erden, leb ich in steter Todsgefahr. Mein Gott, mein Gott, ich bitt durch Christi Blut: Mach's nur mit meinem Ende gut.

Herr, lehr mich stets mein End bedenken und wenn ich einstens sterben muss, die Seel in Jesu Wunden senken und ja nicht sparen meine Buß! Mein Gott, mein Gott, ich bitt durch Christi Blut: Mach's nur mit meinem Ende gut.

Lass mich beizeit' mein Haus bestellen, dass ich bereit sei für und für und sage frisch in allen Fällen: Herr, wie du willst, so schick's mit mir! Mein Gott, mein Gott, ich bitt durch Christi Blut: Mach's nur mit meinem Ende gut.

Ach, Vater, deck all meine Sünden mit dem Verdienste Jesu zu, damit ich hier Vergebung finde und dort die lang erwünschte Ruh. Mein Gott, mein Gott, ich bitt durch Christi Blut: Mach's nur mit meinem Ende gut!

So komm mein End heut oder morgen, ich weiß, dass mir's mit Jesus glückt; ich bin und bleib in deinen Sorgen, mit Jesu Blut schön ausgeschmückt. Mein Gott, mein Gott, ich bitt durch Christi Blut: Mach's nur mit meinem Ende gut!

Ämilie Juliane, Gräfin von Schwarzburg-Rudolstadt (1637–1706)

Gehen wir zunächst der Frage nach dem Jenseits nach. Das ist die Frage, ob es außerhalb der sichtbaren Wirklichkeit noch eine andere Wirklichkeit gibt, aus der das Leben kommt und in das es nach dem Sterben wieder geht. In der Geschichte der Menschheit wurde diese Frage lange Zeit mit einem »Ja« beantwortet. Am deutlichsten wird dies an den Bestattungsbräuchen der Völker. Sie unterscheiden sich natürlich sehr, weisen aber trotzdem in manchen Punkten eine geradezu hervorstechende Gemeinsamkeit auf. So fällt etwa bei den alten Ägyptern auf, wie bei den Chinesen und den Inkas, dass sie ihre toten Könige für das Leben im Jenseits ausstatteten. Nicht nur wurden ihnen die ganze Fülle ihrer Machtsymbole und ihre Amtskleider mitgegeben, von ausreichend Lebensmitteln ganz zu schweigen. Man umgab sie auch noch im Tode mit ihrer Dienerschaft, wie archäologische Funde von 8000 lebensgroßen und naturgetreu nachgebildeten Kriegerfiguren aus Ton in China gezeigt haben. Weichen jene Jenseitsvorstellungen der alten Kulturen im einzelnen auch wesentlich voneinander ab, so verbindet sie doch die gemeinsame Vorstellung, dass mit dem Sterben nicht alles »aus und vorbei« ist. Wir haben es hier mit einem Urwissen der Menschheit zu tun, das selbst die gezielte Beeinflussung der Neuzeit nicht ausrotten konnte. Im Gegenteil!: Presseberichte in unseren Tagen beweisen, dass der Jenseitsglaube und der Versuch, mit dem Jenseits in Kontakt zu treten, absolut »in« ist – wenn auch durchaus nicht vom christlichen Glauben motiviert.

Die Frage nach der Gerechtigkeit, dem zur Rechenschaft gezogen Werden, der persönlichen Verantwortung für das Leben, ist der andere Aspekt, der bedacht sein will. Es entsteht aus der Beobachtung der Eindruck, dass manche Menschen, wie man zumindest meint, in ihrem Leben zu kurz gekommen sind, zu viel Leid ertragen mussten, als seien sie gestraft worden – und das eben zu Unrecht. Auf der anderen Seite müssen wir oftmals zusehen, wie Menschen trotz schwerster Verfehlungen munter und in Freuden leben und von Vergeltung, von Gerechtigkeit scheinbar keine Spur zu sehen ist. Sollte es möglich sein, dass im Jenseits eine Verantwortung, eine Abrechnung, ein Gericht sein wird; dass unser Leben dort noch einmal zur Sprache kommt?

Mottos wie »*Tue recht und scheue niemand*« oder Dichterworte wie »*edel sei der Mensch, hilfreich und gut*« (Johann Wolfgang von Goethe) versuchen uns im Blick auf das richtige Verhalten im Leben, vor dem Hintergrund einer drohenden Verantwortung im Jenseits, zu helfen. Andere wiederum – wie der Philosoph Ludwig Feuerbach – sahen in der Hoffnung auf und der Furcht vor dem Jenseits nur die ins Jenseits projizierten Ängste und Hoffnungen. Wie mancher sieht darin die beste Lösung des Todesproblems: ein einfaches Eingehen ins Nichts; wie ein traumloser Schlaf, so, als hätten wir nie existiert.

Dann würden aber im Grunde in diesem Leben auch alle Werte und alle Verantwortung hinfällig. Keine Instanz gäbe es, vor der wir uns verantworten müssten. Wir könnten leben nach eigenen Maßstäben – in Ehe und Sexualität, im Verhältnis zum Eigentum und zur Umwelt, und man täte es auch. Wenn wir das Weiterleben im Jenseits ersatzlos streichen, dann ist erst recht die Hölle auf Erden los. Dann gilt gnadenlos das Recht des Stärkeren, dann hat der Schwache keine Lebenschance mehr. Es zeigt sich, wie die Frage nach dem Jenseits, dem Leben nach diesem Leben, dem ewigen Leben, mit der Frage nach unserer letzten Verantwortung eng verbunden ist.

Vielfältig sind die Versuche, vor der Frage des Jenseits die Augen zu verschließen bzw. Scheinlösungen anzubieten Man kann es einfach leugnen, wie das Kind sich die Hände vor die Augen hält und ruft: »*Ich bin nicht da!*« Epikur, ein Philosoph des Altertums, hat das so gemacht. Er sagte: »*Solange wir sind, ist der Tod nicht da; und wenn der Tod da ist, sind wir nicht mehr.*« Mit anderen Worten: Unser Tod geht uns nichts an. Wir sollen leben, ohne an ihn zu denken. Man kann den Tod auch verklären, ihn mit einem rosigen Schein umgeben, als gäbe es nichts Schöneres, als tot zu sein. Man spricht dann vom »*Freund Hein*«. Man kann auch die Ansicht vertreten: »*Wir leben in unseren Kindern weiter*« oder: »*Mein Lebenswerk macht mich unsterblich.*« Auch das sind alles Fehlschlüsse, denn von dieser »Unsterblichkeit« hat man ja selbst nichts. Man kann versuchen, die Frage nach der Ewigkeit mit dem Hinweis auf die Reinkarnation zu beantworten, dass der Mensch nach seinem Tod in Gestalt eines anderen Lebewesens »wiedergeboren« wird. Oder denken wir an die ganzen neuzeitlichen Bewegungen, die sich unter dem Begriff »New Age« zusammenfassen lassen, die, auf einfachen Nenner gebracht, alle Selbsterlösungsversuche sind. Doch sie sind alle zum Scheitern verurteilt.

Im Sterben werden Menschen oft klein, die vor der Welt als groß gelten. Die letzten Worte des englischen Philosophen Hobbes waren: »*Ich bin dabei, einen Sprung ins Finstere zu tun.*« Mutet das nicht wie eine vernichtende Bankrotterklärung an, wenn man am Ende seiner scheinbar so gelehrten Philosophie nichts anderes weiß als dies?!

Wie anders klingen die Worte von Männern und Frauen, die sich in ihrem Leben mit dem lebendigen Gott, dem Vater des Herrn Jesus Christus, eingelassen haben und für die der Tod seine Schrecklichkeit verloren hat:

❖ Georg Friedrich Händel bekennt: »*Ich weiß, dass mein Erlöser lebt!*«

❖ Von Paul Gerhardt sind die Worte: »*Erscheine mir zum Schilde, zum Trost in meinem Tod, und lass mich sehn dein Bilde in deiner Kreuzesnot, da will ich nach dir blicken, da will ich glaubensvoll fest an mein Herz dich drücken. Wer so stirbt, der stirbt wohl.*«

❖ Mathilde Wrede bekennt: »*Heute geht es heim!*«

❖ Und Dostojewski bittet: »*Haltet mich nicht auf!*«

❖ Von Dietrich Bonhoeffer ist das Zeugnis: »*Das ist das Ende – für mich der Beginn des Lebens!*«

❖ Reinhold Schneider bezeugt: »*Wer Christi Tod erlitten, wird mit ihm auferstehen; wo er hindurchgeschritten, da wage ich's zu gehen.*«

❖ Heinrich Giesen ermutigt: »*Wir sollen nicht bei unserem Sterben bleiben ... Wir sollen bei dem bleiben, der gesagt hat, er sei der Erste und der Letzte!*«

Diese Menschen und mit ihnen viele andere – auch ich – haben sich das Bekenntnis des Apostels Paulus zu eigen gemacht: »*Christus ist mein Leben, und Sterben ist mein Gewinn*« (Philipper 1,21). Eigenartig, dass ein Mensch das, was allgemein für Verlust gehalten wird, als Gewinn bezeichnet: »*Sterben – mein Gewinn!*« Der Mensch kennt das Wort »*Gewinn*« meist nur noch in anderem Zusammenhang, wenn es zum Beispiel um seinen irdischen Vorteil geht: Geschäftsgewinn, Zeitgewinn, Geldgewinn; ja, doch, manchmal auch im Zusammenhang mit dem Tod, wenn man bei einem Unfall noch einmal gerade so davongekommen ist. Dann wird oft kommentiert: »*Da hab ich aber noch mal Glück gehabt.*« Man bringt damit zum Ausdruck, dass man so an seinem Leben hängt, als sei es das einzige. Man vergisst in der Zeit die Ewigkeit.

In der Bibel, dem Buch des Lebens, lesen wir: »*Es ist dem Menschen gesetzt, einmal zu sterben*« – damit ist das Leben aber nicht »aus und vorbei« –, »*danach aber das Gericht*« (Hebräer 9,27). »Was für ein Gericht«, fragen Sie vielleicht? Das Gericht Gottes, nicht das vor einem weltlichen Richter, den man täuschen, mit dem man vielleicht verhandeln könnte. Der Mensch muss Gott, seinem Schöpfer, Rechenschaft darüber ablegen, was er aus dem ihm anvertrauten Leben gemacht hat. Das zeigt das Sterben in seiner ganzen Tragweite. Denn der Anlass, dass wir sterben müssen, ist ja der Ungehorsam des

Menschen Gott gegenüber, das Nichtfragen nach seinem Willen, unsere Eigenwilligkeit, unsere Rebellion gegen ihn. Der Mensch will sein wie Gott, selbst bestimmen, was er tut und lässt, was gut für ihn ist und was nicht. Das ist seine Hybris, seine Überheblichkeit. Wie ganz anders, wenn er bekennen kann:

Jesus lebet, Jesus siegt! Halleluja! Amen. Satan wütend stets bekriegt Gottes heilgen Samen. Volk des Herrn, o sei getrost, wenn der Feind auch sehr erbost: Jesus lebet, Jesus siegt! Halleluja! Amen!

Er verlor noch keine Schlacht und wird nie verlieren; denn mit unbegrenzter Macht kann er Kriege führen. Unter seinem Kreuzpanier ist der beste Platz allhier. Jesus lebet, Jesus siegt! Halleluja! Amen!

Streiter Christi, frisch voran ohne Furcht und Zagen! Längst gebrochen ist die Bahn, drum darfst du es wagen. Gottes Gnade reicht für dich, und du siehst ganz sicherlich: Jesus lebet, Jesus siegt! Halleluja! Amen!

Wird dir's auch im Kampfe heiß, lass den Mut nicht schwinden! Denn es gilt um jeden Preis völlig überwinden! Nur stets auf das Lamm geschaut und dann ihm still und fest vertraut! Jesus lebet, Jesus siegt! Halleluja! Amen!

Harre aus! Das End ist nah! Bald erscheint die Stunde, wo ein froh »Viktoria!« geht von Mund zu Munde. Ewig enden Kampf und Schmerz, selig jauchzt ein jedes Herz: Jesus lebet, Jesus siegt! Halleluja! Amen!
Friedrich Traub (1873–1906)

Wie kommt es, dass Paulus und mit ihm viele andere diese kühnen Worte sprechen können: »*Sterben ist mein Gewinn«,* dass für sie der Tod seine letzte Schrecklichkeit verloren hat? Die Antwort gibt Paulus im ersten Teil seines Bekenntnisses: »*Christus ist mein Leben!*« Jesus Christus ist also die entscheidende Person im Leben und im Sterben. Warum? Die Bibel sagt dazu: Er ist der Sieger über den Bösen, den Teufel, den Widersacher Gottes. Jesus hat am Kreuz von Golgatha, vor den Toren Jerusalems, die Todesstrafe, die auf die Rebellion gegen Gott und seinen Willen steht, an unserer Statt auf sich genommen. Wir lesen: »*Fürwahr, er trug unsere Krankheit und lud auf sich unsere Schmerzen. Wir aber hielten ihn für den, der geplagt und von Gott geschlagen und gemartert wäre. Aber er ist um unserer Missetat willen verwundet und um unserer Sünde willen zerschlagen. Die Strafe liegt auf ihm, auf dass wir Frieden hätten, und durch seine Wunden sind wir geheilt*« (Jesaja 53,4.5).

Jesus ist nicht nur der Sieger über den Teufel und die Sünde. Er hat auch den Tod besiegt. Der Tod, die Bezahlung des Menschen für seinen Ungehorsam Gott gegenüber, ist dadurch beglichen. Die ewige Trennung des Menschen von Gott ist damit aufgehoben. Der Tod ist nicht mehr Gottes letztes Wort an den Menschen. Das wäre furchtbar. Der Tod ist durch die Auferstehung von Jesus Christus von den Toten überwunden. Gott hat sein Ja gegeben zu Jesu stellvertretendem Sterben für uns und Gott hat seinen Sieg über den Teufel, den Widersacher Gottes und die Sünde durch Jesu Auferstehung bestätigt.

So kann Paulus jubeln: »*Der Tod ist verschlungen in den Sieg. Tod, wo ist dein Sieg? Tod, wo ist dein Stachel? Gott aber sei Dank, der uns den Sieg gibt durch unsern Herrn Jesus Christus*« (1. Korinther 15,54.55.57).

So paradox die Frage nun klingen mag, sie ist ganz entscheidend für unser eigenes, ewiges Leben: Haben Sie schon Ihren Tod am Kreuz von Golgatha erlebt? Solange Sie nur Jesu Tod dort als geschehen hinnehmen und nicht dieses »*für mich*« sprechen können, sind Sie nur Zuschauer und haben nicht Teil an diesem Sieg.

Diesem Sieger Jesus Christus ist Paulus vor Damaskus begegnet, als er überhaupt nichts von ihm wissen wollte. Dort war es dann, dass Paulus die Wende seines Lebens erfahren hat, als Jesus Christus ihn sinngemäß fragte: »Warum bist du gegen mich? Es wird dir schwer werden, gegen die Wahrheit anzugehen« (nach Apostelgeschichte 9,4.5). Paulus erkannte seine falsche Einstellung und bat Jesus um Vergebung. Mitten im Zerbruch seines Lebens wurde ihm durch Jesus Christus der Neuanfang seines Lebens geschenkt. Rückblickend auf diese Begebenheit sagt Paulus: »*Ich vergesse, was dahinten ist, und strecke mich aus nach dem, was da vorne ist, und jage nach dem vorgesteckten Ziel, dem Siegespreis der himmlischen Berufung Gottes in Christus Jesus*« (Philipper 3,13.14). Nun lebt er mit Jesus Christus für Jesus Christus allein. Er ist sein Lebensinhalt geworden. Daher kann er sprechen: »*Christus ist mein Leben. Sterben ist mein Gewinn!*«

Die entscheidende Frage im Blick auf den Tod, das Leben nach diesem Leben, das ewige Leben, ist also die

Frage, die im Heute beantwortet werden muss. Ihre Beantwortung hat Gültigkeit über die Zeit hinaus bis in alle Ewigkeiten. Sie hängt von der Begegnung mit Jesus Christus, dem Herrn des Lebens, des ewigen Lebens, ab. Es ist die Frage nach der persönlichen Entscheidung für Jesus Christus, als Heiland und Herr in diesem Leben heute.

»Christus ist mein Leben!« Wer dies bekennt, braucht vor dem Jenseits, dem Tod nicht mehr zurückzuschrecken. Wer mein Herr ist im Leben, ist auch mein Herr im Sterben. Wohl erleben wir noch den Kampf des Sterbens, aber der Tod kann uns nichts mehr anhaben, weil Jesus der Sieger, bei uns ist. Er sagt uns zu: *»Wer an den Sohn glaubt, der hat das ewige Leben«* (Johannes 3,36). So kann Paulus bekennen: *»Darum: wir leben oder sterben, so sind wir des Herrn«* (Römer 14,8). Wer an Jesus Christus glaubt, hat die Angst vor dem Tod nicht mehr gegen sich. Er denkt weiter, über das Sterben hinaus. Er weiß, hinter dem Tod steht kein Punkt, sondern ein Doppelpunkt: Denn Sterben ist nicht Abbruch, sondern Aufbruch, nicht Untergang, sondern Übergang, nicht Auszug, sondern Umzug, nicht Ende, sondern Anfang! Er hat das Leben nach diesem Leben, das ewige Leben, vor sich. Wer also tatsächlich leben will, muss zu sterben wissen. Und wer getrost sterben will, muss zu leben wissen! Beides geht nur in Lebensgemeinschaft mit Jesus Christus. Der Christ bewährt sich in dieser Lebenshaltung auch in der Anfechtung, denn ihm sind die Augen geöffnet für die Tatsache: *»Christus ist mein Leben, und Sterben ist mein Gewinn.«*

Tod ist der Zustand nach dem Sterben. Sterben ist der Vorgang des Aus-dieser-Welt-Scheidens. Die Angst vor dem Sterben ist nicht die Angst vor dem Tod. Wenn die Bibel vom Tod spricht, dann meint sie die ewige Trennung von Gott. Denn es gibt nach dem Sterben zwei Seinsweisen: Gemeinschaft mit Gott und Trennung von Gott; das, was die Bibel »Himmel« und »Hölle« nennt. Mir ging dieser Unterschied zwischen Angst vor dem Sterben und Angst vor dem Tod in einer Zeit nach meinem ersten Herzinfarkt auf. Ich stellte fest: Ich habe Angst – Angst vor dem Sterben. Ich habe aber keine Angst vor dem Tod.

Ich will den Unterschied erklären: Sterben ist das Ende alles Natürlichen, das Ablegen der kreatürlichen Hülle meines Lebens. Die Angst vor den oft damit zusammenhängenden Schmerzen, dem körperlichen und seelischen Leiden, hat nach meiner Erfahrung am eigenen Leib ihre Berechtigung. Doch die Angst vor dem Tode, der ewigen Trennung von Gott, muss nicht mehr sein, wenn Jesus Christus mein Leben, mein Heiland und Herr ist. Entscheidend geholfen, zu dieser Erkenntnis zu kommen, hat mir ein Wort Jesu, das er im Angesicht des Sterbens gesprochen hat: »*Ich bin die Auferstehung und das Leben. Wer an mich glaubt, der wird leben, ob er gleich stürbe; und wer da lebt und glaubt an mich, der wird nimmermehr sterben. Glaubst du das?*« (Johannes 11,25.26). Mir wurde klar: Die Trennungslinie geht nicht zwischen Lebenden und Toten, sondern zwischen an Jesus Christus Glaubenden und nicht an ihn Glaubenden. Ich habe das ewige Leben nicht erst dann, wenn mein Körper tot ist, wenn das eintritt, was mit meiner menschlichen Logik gar nicht erklärbar ist. Sondern ich habe ewiges Leben heute, wenn ich im Gebet Jesus Christus mein Leben übereignet habe; wenn ich ihn als meinen Heiland und Herrn anerkenne und liebe. Dann hat es seine Gültigkeit, dass der Teufel, der Gegenspieler, der Widersacher Gottes, keine Rechtsansprüche mehr an mich hat.

Jesus Christus hat die Schuld, die mich von Gott trennte, ein für allemal für mich bezahlt. Sie ist getilgt. Weil er für mich stellvertretend am Kreuz von Golgatha gestorben und danach auferstanden ist, habe ich Anteil am Leben Gottes, also ewiges Leben durch den Glauben an ihn. Wer Jesus Christus glaubt, wird den Tod nie sehen! Der Apostel Paulus beschreibt das so: »*Unser irdischer Körper ist wie ein Samenkorn, das einmal vergeht. Wenn er aber auferstehen wird, ist er unvergänglich. Unser Körper ist jetzt noch unansehnlich und schwach; wenn er aber aufersteht, ist er herrlich und voller Kraft. Begraben wird unser irdischer Körper; aber auferstehen werden wir mit einem Körper, der von unvergänglichem Leben erfüllt ist. Denn wie es einen sterblichen Körper gibt, so gibt es auch einen unsterblichen. In der Heiligen Schrift heißt es ja von Adam, dem ersten Menschen, dass er ›ein lebendiges Wesen‹ wurde. Er trug jedoch nur irdisches Leben in sich. Aber Christus, der letzte Adam, war erfüllt vom Geist Gottes, der unvergängliches Leben schenkt. Zuerst kommt der irdische Körper, und dann erst der unvergängliche –*

nicht umgekehrt. Adam, den ersten Menschen, erschuf Gott aus Staub von der Erde; aber der neue Mensch, Christus, kommt vom Himmel. Als Nachkommen Adams sind wir ihm ähnlich geschaffen. Aber eines Tages werden wir dann wie Christus einen himmlischen Leib haben. Eins steht fest, liebe Brüder und Schwestern: Menschen aus Fleisch und Blut können nicht in Gottes Reich kommen. Nichts Vergängliches wird in Gottes unvergänglichem Reich Platz haben. [...] Denn das Vergängliche muss mit Unvergänglichkeit und das Sterbliche mit Unsterblichkeit überkleidet werden. Wenn aber dieser vergängliche und sterbliche Körper unvergänglich und unsterblich geworden ist, dann erfüllt sich, was die Heilige Schrift vorausgesagt hat: ›Das Leben hat den Tod überwunden! Tod, wo ist dein Sieg? Tod, wo bleibt nun deine Macht?‹ Die Sünde ist wie ein Stachel, der tödliches Gift in sich trägt. Durch sie hat der Tod seine Macht, und die Sünde hat ihre Kraft durch das Gesetz. Aber Dank sei Gott! Er schenkt uns den Sieg durch Jesus Christus, unseren Herrn! Bleibt daher fest und unerschütterlich in eurem Glauben, meine lieben Brüder und Schwestern! Setzt euch mit aller Kraft für den Herrn ein, denn ihr wisst: Nichts ist vergeblich, was ihr für ihn tut« (1. Korinther 15,42b.–47.49.50.53–58).

Wann haben Sie sich das letzte Mal von ganzem Herzen darüber gefreut und dafür gedankt, dass Jesus Christus Ihnen ein Zuhause bei Gott bereitet hat?! Es wird ein Zuhause sein, in dem es keinen Schmerz, kein Leid, keine Tränen, keine Trauer, keine Quälerei, keine Klagen, keinen Tod mehr gibt (Offenbarung 21)!

Dass Menschen, die an Jesus Christus glauben und ihn lieben, auf ein neues, ewiges Leben zugehen, das ist kein Vertrösten auf ein besseres Jenseits. Das ist echter Trost, Ermutigung auf dem Weg dorthin. Von diesem Ziel her dürfen wir auf das Ziel hin leben. Das ist motivierende Freude für unser Unterwegssein, so wie es Paulus schreibt: »*Denn ich bin überzeugt, dass dieser Zeit Leiden nicht ins Gewicht fallen gegenüber der Herrlichkeit, die an uns offenbart werden soll*« (Römer 8,18). Um dieser Zusage und dieses Zieles willen lohnt es sich, unsere ganze Existenz jeden Tag neu Jesus Christus anzuvertrauen, denn die Macht des Todes ist in der Hand des Fürsten des Lebens. Ja, »*Gott sei Dank, der uns den Sieg gegeben hat in unserem Herrn Jesus Christus*«.

Jesus lebt, mit ihm auch ich! Tod, wo sind nun deine Schrecken? Er, er lebt und wird auch mich von den Toten auferwecken. Er verklärt mich in sein Licht, dies ist meine Zuversicht.

Jesus lebt! Ihm ist das Reich über alle Welt gegeben; mit ihm werd auch ich zugleich ewig herrschen, ewig leben. Gott erfüllt, was er verspricht, dies ist meine Zuversicht.

Jesus lebt! Wer nun verzagt, lästert ihn und Gottes Ehre. Gnade hat er zugesagt, dass der Sünder sich bekehre. Gott verstößt in Christus nicht; dies ist meine Zuversicht.

Jesus lebt! Sein Heil ist mein, sein sei auch mein ganzes Leben; reines Herzens will ich sein, bösen Lüsten widerstreben. Er verlässt den Schwachen nicht; dies ist meine Zuversicht.

Jesus lebt! Ich bin gewiss, nichts soll mich von Jesus scheiden, keine Macht der Finsternis, keine Herrlichkeit, kein Leiden. Seine Treue wanket nicht; dies ist meine Zuversicht.

Jesus lebt! Nun ist der Tod mir der Eingang in das Leben. Welchen Trost in Todesnot wird er meiner Seele geben, wenn sie gläubig zu ihm spricht: »Herr, Herr, meine Zuversicht!«
Christian Fürchtegott Gellert (1715–1769)

Dezember

»Mache dich auf ...«

»Mache dich auf, werde licht, denn dein Licht kommt und die Herrlichkeit des Herrn geht auf über dir!« (Jesaja 60,1).

Advent – Zeit der Vorbereitung auf Weihnachten. Zeit der Erwartung, der Besinnung, des sich Bereitens, des Nachdenkens über Gottes Kommen in unsere Welt. Diese Worte des Propheten Jesaja: *»Mache dich auf ...!«* sind nicht in erster Linie eine Aufforderung, sondern eine Einladung: Öffne dein Herz für die Botschaft des Weihnachtsfestes: *»Gott wird Mensch, dir Mensch zugute ...«* Gott kommt in Jesus Christus zu uns, nimmt Menschengestalt an, will uns zum Heiland und Herrn, zum Retter, zum Bruder und Freund werden. *»Mache dich auf...!«* ist zugleich eine Ermutigung, sich *»auf zu machen«*, sich zu öffnen für diese Botschaft, um Weihnachten zu erleben! Uns soll im Nachdenken über diese Botschaft »ein Licht aufgehen«. Wenn das stattfindet, wird es hell, licht in unserem Leben. Dazu ermutigt uns das Lied von Georg Weißel (1590–1635):

Macht hoch die Tür, die Tor macht weit! Es kommt der Herr der Herrlichkeit, ein König aller Königreich, ein Heiland aller Welt zugleich, der Heil und Leben mit sich bringt; derhalben jauchzt, mit Freuden singt: Gelobet sei mein Gott, mein Schöpfer reich von Rat!

Zunächst ein paar Anmerkungen, wie dieses Lied entstanden ist: Nach der Überlieferung fiel Georg Weißel sein berühmtes Lied ein, als er an einem Tag in der Adventszeit Schutz vor einem Schneesturm im Dom seiner Stadt Königsberg suchte. Der freundliche Küster grüßte die Schutzsuchenden mit folgenden Worten: *»Willkommen in diesem Hause. Hier ist jeder in gleicher Weise willkommen, ob Patrizier oder Tagelöhner! Sollten wir nicht hinausgehen auf die Straßen, an die Zäune und alle hereinholen, die kommen wollen? Das Tor des Königs aller Könige steht jedem offen!«* Diese Worte gaben den Anstoß für die ersten Zeilen des Liedes, das Georg Weißel zu Hause in kurzer Zeit schrieb.

Das eben entstandene Lied hatte bald eine große Auswirkung in Weißels Umgebung. So wird zum Beispiel folgende Geschichte berichtet: In Königsberg lebte ein geiziger Geschäftsmann namens Sturgis. Dieser hatte sich sehr unbeliebt gemacht und deshalb keine Genehmigung bekommen, sich im Patrizierviertel der Stadt ein Haus zu bauen. Daraufhin war er in ein anderes Stadtviertel ausgewichen und hatte sich dort einen prächtigen Bau hingesetzt, der die der alteingesessenen Geschäftsleute wesentlich übertraf. Der Standort seines Prachtbaus hatte jedoch einen Nachteil in der Sicht von Sturgis: In der Nähe befand sich das Armen- und Siechenheim. Seine Bewohner benutzten einen Fußweg, der über das benachbarte Wiesengrundstück führte, sodass der reiche Sturgis stets die Armen und Gebrechlichen vor Augen hatte, wenn er aus dem Fenster sah. Weil ihn das ungeheuer störte, kaufte er dieses Grundstück, ließ es zu einem Park umgestalten und umgab ihn mit einem Zaun. Den öffentlichen Fußweg riegelte er mit Toren ab, die er fest verschlossen hielt. Damit war den Leuten aus dem Heim nicht nur der nahe Weg in die Stadt versperrt, sondern auch der zur Kirche. Sie mussten jetzt einen weiten, mühevollen Weg zurücklegen, für deren Bewältigung die Kräfte vieler Heimbewohner nicht mehr reichten. Zahlreiche Bürger und auch die Stadtväter forderten Herrn Sturgis auf, die Tore zu öffnen. Er blieb aber hart und unnachgiebig.

Unter Pfarrer Weißel war es in der Alt-Roßgärtschen-Gemeinde Sitte geworden, dass ein Chor alljährlich vor Weihnachten manchen Bürgern ein Ständchen brachte. In diesem Jahr wollte keiner zu dem Geschäftsmann Sturgis gehen. Weißel konnte den jungen Leiter des Chores dann doch mit den Worten überzeugen: *»Junger Freund, ich meine, wir würden Advent und Weihnachten nicht richtig feiern können, wenn wir den reichen Mann ausschlössen! Unser Erlöser geht an keinem Haus und an keinem Herzen vorüber! Ob er aufgenommen wird, ist eine andere Frage. Wollen wir ihm nun nachfolgen oder nicht?«*

Nicht nur die Sänger fanden sich am Gartentor von Herrn Sturgis ein, sondern es kamen auch etliche Heimbewohner. Weißel hielt zunächst eine kurze Predigt. Mit großem Ernst sprach er von der hochmütigen Verblendung, mit der viele Menschen dem König der Könige die Tore ihres Herzens versperrten, sodass er bei ihnen nicht einziehen könne. Und er fuhr fort: »*Und heute, lieber Herr Sturgis, steht er vor Eurem verriegelten Tor ... Ich rate Euch, ich flehe Euch an bei Eurer Seelen Seligkeit, öffnet ihm nicht nur dieses sichtbare Tor, sondern auch das Tor Eures Herzens und lasst ihn demütig mit Freuden ein, ehe es zu spät ist.*« Dann begann der Chor zu singen.

Sturgis stand wie angewurzelt. Kurz vor Beendigung des Lieds griff er in die Tasche und brachte einen Schlüssel zum Vorschein, mit dem er die Gartentore aufschloss. Sie wurden nie wieder verschlossen. Die Heimbewohner hatten ihren kurzen Weg zur Kirche wieder, der noch lange *»Advents-Weg«* genannt wurde.

Wie kann es bei uns Advent, Weihnachten, die Zeit der offenen Tore und Türen werden? Vielleicht entdecken auch wir Bereiche in unserem Leben, die wir noch vor dem König aller Königreiche und Heiland aller Welt verschlossen halten? Er aber will in alle Bereiche unseres Lebens *»Heil und Leben«* bringen. Aus Dunkelheit soll Licht werden, aus Bedrängnis Freude, aus Gebundenheit Freiheit, aus Angst Zuversicht und Hoffnung!

Über den vier Adventswochen stehen verschiedene Worte der Bibel: Sie wollen uns helfen, dass wir uns *»aufmachen«,* öffnen für die Frohe Botschaft und uns auch auf den Weg machen zum Staunen und Anbeten, zum Gutes tun und zum Bezeugen dieser Frohen Botschaft des Propheten Sacharja: *»Siehe, dein König kommt zu dir, ein Gerechter und ein Helfer«* (9,9). »Siehe!« Das heißt: Merke auf! Gib Acht! Sei hellwach! Höre! – Wer sich in diesen Wochen auf den Weg macht, mit Jesus neue Begegnungen zu haben und damit neue Erfahrungen im Glauben in seinem Leben zu machen, sollte seine Augen bewusst aufmachen, die äußeren und die inneren, die des Herzens. Es gibt so vieles, was uns das Geschehen von Weihnachten in neuem Erleben nahe bringen will; etwa indem wir neu über Adventsgestalten, über Bräuche und Symbole, Lichter, Erfahrungen und Erlebnisse nachdenken und dabei ins Staunen kommen. All das will dazu beitragen, dass wir kleine und große Aha-Erlebnisse haben. Ziel ist das Staunen über die Geburt von Jesus, dass Gott Mensch wurde.

In Jesus und durch Jesus lernen wir Gott als unseren Vater im Himmel kennen. Wir erfahren und erleben, dass er uns lieb hat, für uns ist, mit uns Gemeinschaft haben und so unserem Leben den rechten Wert und Sinn geben will. Darüber in Ruhe mehr nachzudenken, tut uns gut, ist heilsam für Geist, Seele und Körper – und hilft uns, diese Liebe nicht nur für uns persönlich in Anspruch zu nehmen, sondern sie auch zu leben, andere sie erfahren zu lassen durch uns, dass auch sie erleben: Ich bin geliebt von Gott!

Er ist gerecht, ein Helfer wert, Sanftmütigkeit ist sein Gefährt, sein Königskron ist Heiligkeit, sein Zepter ist Barmherzigkeit; all unsre Not zu End er bringt; derhalben jauchzt, mit Freuden singt: Gelobet sei mein Gott, mein Heiland, groß von Tat.«

»Mache dich auf, werde licht ...« In den Advents- und Weihnachtstagen wollen uns die vielen Lichter daran erinnern, dass Jesus als das Licht der Welt in die Dunkelheit dieser Welt mit all ihren Abgründen gekommen ist, um uns auf dem Weg des Lebens in die Gemeinschaft mit Gott, unserem Vater im Himmel zu führen; damit es auch in unserem Leben licht wird. Daran erinnert uns z. B. *der Adventskranz.* Als sein Erfinder gilt der Pfarrer Johann Hinrich Wichern (1809–1881). Der erste Adventskranz hing 1839 im *»Rauhen Haus«* in Hamburg, einer Heimstätte für Kinder. Er sollte ihnen die Wartezeit bis Weihnachten verkürzen. Wicherns hölzerner Kranz hatte einen Durchmesser von zwei Metern. Er trug vier große, weiße Kerzen, je eine für jeden Adventssonntag, und 19 kleine, rote Kerzen für jeden Werktag bis zum Heiligen Abend. Der Kranz war mit Tannengrün umbunden als Zeichen für »immerwährendes Leben«. Später wurden die Kerzen auf vier reduziert, für die vier Adventssonntage. Jeder dieser Sonntage hat seine eigene Bedeutung und ist geprägt von einem Bibelwort. Diesem Bibelwort nachzusinnen kann helfen, den Sinn von Weihnachten und der Heiligen Nacht neu zu erfassen: dass der Stern von Bethlehem in der dunklen Tiefe des Herzens hell aufleuchten will, weil uns die frohe Botschaft verkündigt wird, dass *»es nicht dunkel bleiben wird über denen, die in Angst sind«* (Jesaja 8,23).

Wie das konkret aussehen kann, daran erinnert uns ein Tag am Anfang der Adventszeit: *der Nikolaustag.* Es ist der Todestag von Bischof Nikolaus, der vor über 1600

Jahren in Smyrna in Kleinasien lebte. Dort herrschte einmal eine große Hungersnot. Die Leute wussten, dass Schiffe mit Getreide zu ihnen unterwegs waren. Doch Seeräuber blockierten die Hafeneinfahrt. Sie wollten sie nur freigeben, wenn ihr Boot bis an den Rand mit Gold gefüllt würde. Doch man hatte kein Gold mehr. Da forderten die Seeräuber die Eltern auf, ihnen ihre Kinder zu übergeben, damit sie auf dem Sklavenmarkt verkauft werden könnten. Was sollte man tun? Die einen sagten: Niemals! Die andern: Wenn wir unsere Kinder nicht ausliefern, müssen sie und wir sterben. So trieb man schließlich die Kinder zusammen. Doch da rief ein Mann vom Ufer her: »*Halt, hier ist das Geld!*« Es war Bischof Nikolaus. In seinen Armen hatte er alles Kostbare aus der Kirche: Altargeräte, Leuchter, Kreuze ... Das alles gab man den Seeräubern. Da machten sie den Getreideschiffen Platz und die Eltern waren glücklich, dass ihre Kinder gerettet waren.

Das ist ein gutes Beispiel dafür, wie man Jesus ganz konkret in sein Leben aufnehmen und für ihn da sein kann, dass es licht wird im Leben von Menschen und gerade auch von Kindern. Jesus sagt – und das gilt auch für diese Adventszeit –: »*Ich bin hungrig gewesen und ihr habt mir zu essen gegeben. Ich bin durstig gewesen und ihr habt mir zu trinken gegeben. [...] Ich bin nackt gewesen und ihr habt mich gekleidet.*« (Matthäus 25,35.36). In unseren Tagen gibt es vielerorts Aktionen und damit die ganz konkrete Möglichkeit, nicht nur Kindern, sondern auch Erwachsenen zu helfen und sie so mit dem Licht des Lebens, mit

Jesus bekannt zu machen. Lassen wir sie nicht ungenutzt, um Liebe konkret zu schenken. Wir wollen aufmerken: Adventszeit ist Zeit, um Gutes zu tun! »*Siehe, dein König kommt zu dir, ein Gerechter und ein Helfer!*«

O wohl dem Land, o wohl der Stadt, so diesen König bei sich hat! Wohl allen Herzen insgemein, da dieser König ziehet ein! Er ist die rechte Freudensonn, bringt mit sich lauter Freud und Wonn. Gelobet sei mein Gott, mein Tröster früh und spat!

Über der zweiten Adventswoche steht das Wort Jesu: »*Seht auf und erhebt eure Häupter, weil sich eure Erlösung naht*« (Lukas 21,28). Dieses Wort ist den Reden Jesu über die Endzeit entnommen. Adventszeit ist Zeit der Ermutigung zum Durchhalten: »*Eure Erlösung naht!* – Und ich – Jesus – bin da. Ich bin bei euch alle Tage! Da sind auch die Tage der Bedrängnis nicht ausgenommen. Ich gehe mit euch, ich gehe voran«, sagt Jesus uns zu! Als Menschen, die Jesus lieb haben, wollen wir ganz bewusst das Ziel unserer Nachfolge, den Himmel, vor Augen haben und behalten. Also nicht resignierend und trübsinnig den Blick nach unten richten, uns von den Alltäglichkeiten nach unten ziehen und gefangen, ja lähmen lassen. Nein, wir wollen nach vorne schauen und nach oben sehen, aufblicken, uns auf ihn, den Anfänger und Vollender unseres Glaubens, ausrichten. Der Blick auf ihn gibt uns die Kraft und den Mut, den Weg zu diesem Ziel immer wieder getrost und zuversichtlich unter unsere Füße zu nehmen. So werden wir nicht auf der Strecke an der Landstraße unseres Lebens bleiben. Den vielen Nebensächlichkeiten, die auch in der Advents- und Weihnachtszeit sich nach vorne drängen und uns die Zeit der Besinnung und Einkehr, der Rast und Zurüstung für den Weg zu diesem Ziel nehmen wollen, gilt es den Platz zuzuweisen, der ihnen zukommt. Sie sind zweitrangig. Wesentlich ist, unser Gott vertrauendes Denken zu nähren, dass wir ein lohnendes Ziel vor Augen haben, das wir nicht aus den Augen verlieren wollen. Dabei ist es hilfreich, ja notwendig, im wahrsten Sinne des Wortes: Not wendend, dass wir uns immer wieder Gedanken darüber machen, welche Lasten wir ablegen müssen, die für uns auf diesem Weg zum Himmel hinderlich sind. Deswegen diese Ermutigung: »*Siehe! Seht auf! Merkt auf!*« Wir wollen das ganz bewusst tun, z. B. durch unsere Konzentration auf das Lesen der Bibel und das, was uns der Text konkret für unser Leben sagen will, besonders aber auch durch die Zeit im Gebet. Das sollte in diesen Tagen die Priorität haben und Gutes tun sollte dazukommen!

Macht hoch die Tür, die Tor macht weit, euer Herz zum Tempel zubereit'. Die Zweiglein der Gottseligkeit steckt auf mit Andacht, Lust und Freud; so kommt der König auch zu euch, ja Heil und Leben mit zugleich. Gelobet sei mein Gott, voll Rat, voll Tat, voll Gnad.

Damit sind wir bei der dritten Adventswoche. Worte

des Propheten Jesaja stehen darüber: »*Bereitet dem Herrn den Weg [...] Siehe, da ist Gott, der Herr! Er kommt gewaltig*« (Jesaja 40,3.10). Diese Aufforderung will uns zu diesem Nachdenken anleiten, von dem ich eben bereits kurz gesprochen habe, welche Lebensgebiete wir bewusst oder unbewusst dem Einfluss von Jesus Christus, seinem Wort und Geist entzogen haben. Dass wir z. B. ein Wort der Vergebung aussprechen oder annehmen sollen und wollen, damit Trennendes – Täler wie Berge, wie es in unserem Textzusammenhang heißt – erhöht bzw. niedrig gemacht werden, sodass man sich wieder auf einer Ebene begegnen, in die Augen sehen, miteinander sprechen kann. Was hindert uns, diese Schritte zu gehen? Hochmut? Bitterkeit? Gleichgültigkeit? Mangelnde Liebe? Nachdenken ist angesagt, um Konsequenzen daraus ziehen zu können! Darum geht es.

Jesus kommt! Ja, er steht vor unserer Herzenstür! Er klopft, mahnt! Er will gewaltig, nicht gewalttätig, in unser Leben kommen. Das heißt: gravierende Veränderungen herbeiführen und uns eine völlig neue Qualität unseres Lebens schenken; uns helfen, neu Prioritäten in unserem Leben zu setzen. Glauben Sie das? Wieder heißt es: »*Siehe!*« Wieder geht es um das Aufmerken! Nur wer dieser Einladung folgt, wird Neues erleben. Welche Türen tun sich da für uns auf! Daher: »*Mache dich auf!*« Öffne dich dieser Botschaft und mache dich auf den Weg, z. B. erkanntes Unrecht in Ordnung zu bringen, damit es licht im Leben wird. Wer als Erster das Wort der Vergebung spricht, auch wenn er meint, im Recht zu sein (Kolosser 3,13), heilt zuerst sich selbst! Und nicht vergessen: Gutes tun und damit Ihre Liebe konkret werden lassen!

Komm, o mein Heiland Jesu Christ, meins Herzens Tür dir offen ist. Ach zieh mit deiner Gnade ein; dein Freundlichkeit auch uns erschein. Dein Heilger Geist uns führ und leit den Weg zur ewgen Seligkeit. Dem Namen dein, o Herr, sei ewig Preis und Ehr.

Über der vierten und letzten Adventswoche steht die Ermutigung zur Freude, denn es geht um das einmalige und doch immer wieder neue Ereignis: Jesus Christus, der Retter ist da! Das darf, ja will zur ganz persönlichen Erfahrung werden: Dir ist dein Heiland geboren! Das ist der Grund zur Freude. Der Apostel Paulus ermutigt in seinem Brief an die Philipper zu dieser Freude: *»Freut euch in dem Herrn allewege, und abermals sage ich: Freuet euch! ... Der Herr ist nahe!«* (Philipper 4,4.5). Wer diese Botschaft nicht nur mit seinen Ohren hört, sondern in seinem Gott vertrauenden Denken, seinem Herzen für sich persönlich in Anspruch nimmt, bei dem beginnt eine Revolution der Liebe in seinem Leben. Er erlebt, dass Jesus Christus durch sein Wort und den Heiligen Geist alle Tage bei ihm ist. Ja, durch seinen Geist in ihm wohnt. In allen Lebenslagen hat er die Begleitung dessen, dem alle Macht im Himmel und auf Erden gegeben ist (Matthäus 28,18-20). Das ist etwas Wunderbares: nicht mehr dazu verdammt zu sein, ich mit mir allein!

Berufen zum Siegen! Befähigt zum Lieben, zum Vergeben, zum Gutes tun! Bevollmächtigt zum Segnen! Wem wollen wir diese selbst erlebte gute Nachricht glaubwürdig in Wort und Tat bezeugen? Ist das nicht ein ideales Weihnachtsgeschenk?!

Die Gabe Gottes an uns ist das ewige Leben durch Jesus Christus. Dieses Geschenk ist ein Ausdruck der Liebe Gottes. Er hat in Jesus Christus die Brücke geschlagen, durch die wir wieder in Gemeinschaft mit ihm leben können. Damit hat er uns tatsächlich »*alles geschenkt*« (Römer 8,32): Leben, Liebe, Frieden, Freude, Glück, Vergebung, Hoffnung, Zuversicht! In diesen Tagen wird ja viel darüber nachgedacht, was man wem schenken könnte. Nicht die dicke Brieftasche ist gefragt. Zum richtigen Schenken gehört vor allem Liebe zum anderen, ohne Hintergedanken, ohne Berechnung; die Einstellung, dass Schenken und Geben mehr Freude macht als Nehmen. Nicht die Größe macht den Wert des Geschenkes aus, sondern der Inhalt. Jesus, das Geschenk Gottes an uns, wurde in einem armseligen Stall geboren, lag in einer Krippe und brachte doch das Leben, das sich wirklich lohnt, Leben genannt zu werden. Daran wollen wir denken: Der von uns Beschenkte soll unsere Liebe in unserem Geschenk erkennen. Was wir schenken, sind wir letztlich selbst! Wie ist es mit Liebe in »*Wort, Werk und Wesen*«?! – »*Mache dich auf!*«, damit es nicht nur licht wird in Ihrem Leben, sondern auch im Leben Ihres Nächsten!

Zum Ausklang noch ein paar kleine Geschichten, die das eben Gelesene vertiefen wollen:

❖ *Bitte zünde mich an!*
Eines Tages sagte das Zündholz zur Kerze: »Ich habe den Auftrag, dich anzuzünden.« – »Oh nein«, erschrak die Kerze, »nur das nicht! Wenn ich brenne, sind meine Tage gezählt. Niemand mehr wird meine Schönheit bewundern.« Das Zündholz sagte: »Aber willst du denn dein Leben lang kalt und hart bleiben, ohne jemals gelebt zu haben?« – »Aber brennen tut doch weh und zehrt an meinen Kräften«, flüsterte die Kerze unsicher und voller Angst. »Es ist wahr«, entgegnete das Zündholz. »Aber das ist doch das Geheimnis unserer Berufung, Licht zu sein. Was ich tun kann, ist wenig. Zünde ich dich aber nicht an, so verpasse ich den Sinn meines Daseins. Ich bin dazu da, Feuer zu entfachen. Du bist eine Kerze. Du sollst für andere leuchten und Wärme schenken. Alles, was du an Schmerz und Leid und Kraft hingibst, wird verwandelt in Licht. Du gehst nicht verloren, wenn du dich verzehrst. Andere werden dein Feuer weitertragen. Nur wenn du dich versagst, wirst du sterben.« Da spitzte die Kerze ihren Docht und sprach voller Erwartung: »Ich bitte dich, zünde mich an!« (Überlieferte Legende)

❖ *Drei Wünsche*
Ein kleiner Junge besuchte seinen Großvater und sah ihm zu, wie er die Krippenfiguren schnitzte. Der Junge schaute sie sich ganz intensiv an, und sie fingen an, für

ihn zu leben. Er schaute auch das Kind in der Krippe an – und das Kind schaute ihn an. Plötzlich bekam er einen Schrecken, und die Tränen traten ihm in seine Augen. »Warum weinst du denn?«, fragte ihn das Jesuskind. »Weil ich nichts mitgebracht habe!«, sagte der Junge. »Ich will aber gerne etwas von dir haben«, entgegnete das Jesuskind. Da wurde der Kleine voller Freude. »Ich will dir alles schenken, was ich habe«, stammelte er. »Drei Sachen möchte ich von dir haben«, sagte das Jesuskind. Da fiel ihm der Kleine ins Wort und sagte: »Meinen neuen Mantel, meine elektrische Eisenbahn, mein schönstes Buch?« – »Nein«, entgegnete das Jesuskind, »das alles brauche ich nicht. Schenk mir deinen letzten Aufsatz!«

Da erschrak der Kleine. »Jesus«, stotterte er ganz verlegen und flüsterte: »Da hat doch der Lehrer ›ungenügend‹ daruntergeschrieben.« – »Eben deshalb will ich ihn haben«, antwortete das Jesuskind. »Aber, warum denn?«, fragte der Junge. »Du sollst mir immer das bringen, wo ›ungenügend‹ darunter steht! Versprichst du mir das?« – »Gern«, antwortete der Junge.

»Aber ich will noch ein zweites Geschenk von dir«, sagte das Jesuskind, »... deinen Milchbecher.« – »Aber den habe ich doch heute zerbrochen«, entgegnete der Junge. »Du sollst mir immer das bringen, was du im Leben zerbrochen hast. Ich will es wieder heil machen. Gibst du mir das auch?« – »Das ist schwer«, sagte der Junge. »Hilfst du mir dabei?« – »Ja, gern! Aber nun mein dritter Wunsch«, sagte das Jesuskind. »Du sollst mir nun noch die Antwort bringen, die du deiner Mutter gegeben hast, als sie fragte, wie denn der Milchbecher kaputtgegangen ist.« Da legte der Kleine die Stirn auf die Kante des Tisches und fing an, bitterlich zu weinen: »Ich, ich, ich ...«, brachte er unter Schluchzen mühsam heraus, »ich habe den Becher umgestoßen; in Wahrheit habe ich ihn absichtlich auf die Erde geworfen.« – »Ja, du sollst mir alle deine Lügen, deinen Trotz, dein Böses, was du getan hast, bringen«, sagte das Jesuskind. »Und wenn du zu mir kommst, will ich dir helfen; ich will dich annehmen in deiner Schwäche; ich will dir immer neu vergeben; ich will dich an deiner Hand nehmen und dir den Weg zeigen. Willst du dir das schenken lassen?« Der Junge staunte und war glücklich.

❖ *Die vier Kerzen*
Es war ganz still. So still, dass man die Kerzen reden hörte. Die erste Kerze seufzte: »Ich heiße Frieden. Ich möchte für die Menschen leuchten. Aber mein Licht hat keine Kraft mehr. Die Menschen halten keinen Frieden. Es scheint, als wollten sie mich nicht.« Ihr Licht wurde immer kleiner und erlosch.

Die zweite Kerze flackerte auf und sagte: »Ich heiße Glauben. Ich möchte für die Menschen leuchten. Aber es ist, als ob ich überflüssig geworden wäre für die Menschen. Sie fragen nicht mehr nach mir. Es hat keinen Sinn mehr, dass ich brenne.« Ein Luftzug wehte durch den Raum und die zweite Kerze erlosch.

Leise und traurig meldete sich nun die dritte Kerze zu Wort: »Ich heiße Liebe. Ich möchte für die Menschen leuchten. Aber auch meine Kraft schwindet dahin. Die

Menschen stellen mich auf die Seite. Sie sehen nur sich selbst, nicht die anderen. Für die Liebe haben sie immer weniger Zeit und Platz. So muss mein Licht ersticken.« Und mit einem letzten Aufflackern erlosch auch das dritte Licht.

Da kam ein Kind in den Raum. Es sah die Kerzen und erschrak: »Aber warum brennt ihr denn nicht mehr? Ihr sollt doch leuchten!« Das Kind wurde sehr traurig. Da tanzte der Lichtschein der vierten Kerze und sprach: »Hab keine Angst und sei nicht traurig. Mein Licht brennt noch für die Menschen. Solange ich brenne, können wir auch die anderen drei Kerzen wieder anzünden. Denn ich heiße Hoffnung.« Dann nahm das Kind Licht von dieser Kerze und zündete die anderen wieder an.

Kommst du, kommst du, Licht der Heiden? Ja, du kommst und säumest nicht, weil du weißt, was uns gebricht; o du starker Trost im Leiden, Jesu, meines Herzens Tür steht dir offen, komm zu mir.

Ja, du bist bereits zugegen, du Weltheiland, Jungfraunsohn; meine Sinne spüren schon deinen gnadenvollen Segen, deines Geistes Wunderkraft, welche Frucht und Leben schafft.

Adle mich durch deine Liebe, Jesu, nimm mein Flehen hin, schaffe, dass mein Geist und Sinn sich in deinem Lieben übe; sonst zu lieben dich, mein Licht, steht in meinen Kräften nicht.

Jesu, rege mein Gemüte, Jesu, öffne mir den Mund, dass dich meines Herzens Grund innig preise für die Güte, die du mir, o Seelengast, lebenslang erwiesen hast.

Lass durch deines Geistes Gaben, Liebe, Glauben und Geduld, durch Bereuung meiner Schuld mich zu dir sein hoch erhaben; dann so will ich singen dir Hosianna für und für.
Ernst Christoph Homburg (1605–1681)